net a Al Qaeda eletrônica. À semelhança da rede terrorista, ... alimenta um

tivo ódio à razão. As indenizações e pensões aos derrotados ... tar ... va

iques são mais inteligentes do que os dos outros. Eles que...

olução deles não dá certo, apelam ao cartorialismo e arra... urguês,

ir, a grana para sustentar a sua derrota. Se tivessem venc... como p

Máximas de um país mínimo

Reinaldo Azevedo

... humanismo moderno porque é o criador do homem u...

...mitido como filho de Deus. É o fundamento reli...

...racia contemporânea. Não por acaso, a chamada "...

...es essenciais, como "democrática e cristã". Iss...

...ma ... O Bras... decadência sem ter conhecido o esplendor. O dec...

...ileira não poder... tado. O PT percebeu que todos os valores estavam

ajuda a promover a fragmentação, que procura depois reunir no partido, por

demais legendas continuam ocupadas em disputas do século passado, quiçá do ...

ensinar Mozart ou Kan... aos pobres. Eles têm de aprender o que já sabem: batuque, fu...

Máximas de um país mínimo

Reinaldo Azevedo

2ª Edição

EDITORA RECORD
RIO DE JANEIRO • SÃO PAULO
2009

CIP-BRASIL. CATALOGAÇÃO-NA-FONTE
SINDICATO NACIONAL DOS EDITORES DE LIVROS, RJ.

A988m
2ª ed. Azevedo, Reinaldo
Máximas de um país mínimo / Reinaldo Azevedo. - 2ª ed. - Rio de Janeiro : Record, 2009.

ISBN 978-85-01-08847-5

1. Aforismos e apotegmas. 2. Citações. 3. Máximas brasileiras. I. Título.

09-5261 CDD: 869.98
CDU: 821.134.3(81)-84

Projeto gráfico e capa: Sérgio Campante

Fotografia de capa: Lailson Santos

Texto revisado segundo o novo Acordo Ortográfico da Língua Portuguesa.

Direitos exclusivos desta edição reservados pela
Editora Record Ltda.
Rua Argentina, 171, Rio de Janeiro, RJ - 20921-380 - Tel.: 2585-2000

IMPRESSO NO BRASIL
ISBN 978-85-01-08847-5

Pedidos pelo reembolso postal
Caixa Postal 23.052 - Rio de Janeiro, RJ - 20922-970

À memória de meu pai.
Às minhas Marias, como sempre.

"Só isto, de fato, tem importância: a nossa individualidade, a nossa vida privada, a nossa família, os nossos amores, os nossos amigos, a nossa memória, a nossa lenda pessoal, os objetos dos quais nos tornamos íntimos — sim: os nossos leitores! Tudo isso que um país coalhado de canalhas, de idiotas, de incompetentes, de truculentos, de 'utopistas' da desgraça, de demiurgos matusquelas, de messiânicos chinfrins, insiste em nos roubar."

A frase é uma prosa que se faz de silêncios

Este é um livro de frases, separadas por temas dispostos em ordem alfabética, muitas delas extraídas de posts do meu blog, hospedado na página da *Veja*, e de artigos escritos para a revista e para jornais. Qual o propósito de organizar um livro com essas características — além de atender ao pedido de muitos leitores, o que já seria motivo suficiente? Eu os convido a me acompanhar numa digressão.

A boa poesia é uma prosa de silêncios. A vocação do prosador é a análise — e sua competência pode ser testada pela precisão com que discorre ou informa sobre um sentimento, um objeto ou uma circunstância —, a do poeta é a síntese que expresse o resultado dessa busca, escondendo o percurso, ainda que as duas experiências de linguagem frequentemente se misturem. Um bom verso jamais dá explicações, é enigma. Cumpre ao leitor tentar entender como e por que o poeta chegou a uma dada formulação, perscrutar as intenções do verso, adivinhar o caminho percorrido, decompor o emblema. Um bom verso tem de ser um problema.

Exponho aqui uma apreensão muito pessoal dessas diferenças — como é próprio da minha escrita, mesmo me dedicando, na maior parte do tempo, à análise política. A prosa, seja a narrativa literária, a ata de uma reunião ou uma dissertação, convida o leitor a acompanhar a construção de um edifício retórico. Pouco importa se o autor é do tipo hostil ou amigável, o fato é que ele estabelece com o leitor uma cumplicidade. Quando os dois chegam ao fim da viagem — ainda que tenham apenas atravessado a rua, num conto mínimo —, é preciso que este pequeno passeio esteja pontuado de propósitos. A poesia, ao contrário, expõe o resultado de uma busca sem testemunhas ou aquiescências necessárias. O poeta pode fazer a declaração que seria o suicídio do prosador: "É assim porque eu quero."

A fala do prosador é outra: "É assim, mas eu disse por quê. Expus as circunstâncias, os indícios ou os argumentos que obrigaram esta história ou esta tese a ter este desfecho ou esta conclusão." Na releitura, a conclusão de uma boa prosa tem de se mostrar previsível, necessária e fatal. Lembremo-nos de *Dom Casmurro*, de Machado de Assis: a Capitu da Praia da Glória estava mesmo dentro da Capitu de Mata-Cavalos, tal qual a fruta está dentro da casca? A resposta está no percurso, por mais ambígua que seja.

Começo a trilhar o caminho de volta. O jornalismo, nas suas mais variadas manifestações — da narrativa mais objetiva ao texto dissertativo, que é aquele a que me dedico —, é prosa. Já a frase, a exemplo daquelas que se isolam ou se destacam neste livro, é parente da poesia: é uma prosa de silêncios. Não estou tentando enobrecer nem uma coisa nem outra. Busco paralelos em outras experiências de texto para caminhar junto com o leitor — esta introdução, afinal, é prosa. Cumpre revelar neste ponto algum antecedente histórico.

Sou, de hábito, prolixo. Se me é dado escolher entre escrever mais ou escrever menos, escolho sempre "mais". Se deixarem por minha conta, escolho é "muito". Posso estar estupidamente errado sobre isso e aquilo, mas me pego sempre disposto a esmiuçar cada detalhe do meu pensamento. Minha única arrogância intelectual está neste esforço de ser compreendido, o que não quer dizer que eu espere que meus argumentos sejam aceitos ou que vá modular o que penso de acordo com o gosto e as opiniões de quem me lê. Esforço-me para ser amigável. Reconheço, não obstante, que domino um vasto repertório de hostilidades porque os consensos me incomodam. Vivo numa luta permanente, proseando, buscando a conclusão necessária, única, fatal, sempre agarrado à lógica. Gosto de descompor inteirezas, esmiuçar, ver detalhes — isso define, enfim, um analista. Por isso mesmo, jamais me havia ocorrido fazer um livro de frases. De verdade, os leitores o fizeram em meu lugar.

Os leitores? Sim, foram eles que criaram páginas na internet, isolando trechos dos meus artigos que dispensavam, e dispensam, as circunstâncias que os trouxeram à luz. Fizeram-me ver que determinados juízos valiam por aforismos; que certas percepções da realidade política, consolidadas em frases, tornavam-se emblemas; que, às vezes, uma opinião longamente exposta trazia uma síntese que buscava ser o que a chave de ouro é num soneto. Os leitores me ajudaram a fazer a seleção, e as frases que aqui estão, de fato, podem sobreviver aos textos que as abrigaram.

Não me perguntem se pretendo fazer parte de um grupo em que brilham Machado de Assis, Nelson Rodrigues, Voltaire, Karl

Kraus, H. L. Mencken, Oscar Wilde, Montaigne, Anatole France, entre milhares de outros escritores, filósofos e, por que não?, jornalistas que deixaram sentenças memoráveis, coligidas em centenas de volumes. Querer? Ora, é claro que eu quero! Poderia responder que minhas ambições são menores, claro, mas estaria mentindo. A exemplo de quem me lê, vou dormir na expectativa de conquistar o mundo no dia seguinte. Como não consegui ainda ser doido o bastante para levar adiante o meu intento, ajusto, ao acordar, as minhas expectativas à realidade. Os outros são sempre responsáveis pela nossa modéstia, especialmente quem é melhor do que nós. O humilde por iniciativa própria ou vocação revela um grave desvio de caráter. Não confie nele!

Esta, como se vê, é uma aventura um tanto perigosa. Muitos haverá que afirmarão: "O Reinaldo disse que se acha tão bom quanto Karl Kraus e Mencken." Um dos males de gostar de frases não é ter de responder por aquelas que você escreveu, mas por aquelas que escreveram por você.

Este livro é um momento de celebração com os meus leitores habituais; é o nosso sarau de sínteses, depois de tantas noites insones de análises compartilhadas. E espero, faceiro que sou, conquistar novos amores.

http://veja.abril.com.br/blog/reinaldo/

Reinaldo Azevedo

A

B

C

D

E

F

G

M

N

O

P

Q

R

S

T

U

V

W

X

Y

Z

nt aos pobres. Eles têm

render o que já sabem: bat

, funk e É batata:

relação samente pr

cional entre edade

strumentos de são

país e sanea básico

e excedem baticumbum e ver

de pé quebrado, falta ág

anada. O petismo criou

ernet a Al Qaeda eletrôni

A

ADVERSÁRIOS

Adversários vivem pedindo a minha cabeça ao patrão. Somos diferentes. Prefiro matá-los de raiva. Eles adorariam me matar de fome.

ÁGUA ENCANADA

Ninguém quer ensinar Mozart ou Kant aos pobres. Eles têm de aprender o que já sabem: batuque, funk e rap. É batata: há uma relação inversamente proporcional entre a variedade de instrumentos de percussão de um país e saneamento básico. Onde excedem baticumbum e versos de pé quebrado, falta água encanada.

ALFABETIZAÇÃO MORAL

O melhor remédio contra a esquerda ainda é a alfabetização moral.

AL-QAEDA ELETRÔNICA

O petismo criou na internet a Al-Qaeda eletrônica. À semelhança da rede terrorista, também esta alimenta um persistente e definitivo ódio à razão.

AMAZÔNIA

No Meio Ambiente, tínhamos Marina Silva, com sua aparência famélica, verdadeira mártir da motosserra, a sentir lhe fugir das veias a seiva de cada árvore que tombava. Agora, temos Carlos Minc, o "coroa do Rio". Na performance trágica ou na chanchada, sobra gritaria. Qual é a proposta? Manter intocados os 85% da floresta amazônica? Que usem a ciência para pensar e a força legítima para reprimir. E chega de performances teatrais! A floresta já não aguenta mais tanta gente para protegê-la; está farta de tantos carinhos.

ANÁLISE SINTÁTICA

Professores de português e literatura vivem pressionados pela ideia de "seduzir", não de "educar". Em vez de destrincharem o objeto direto dos catorze primeiros versos d'*Os Lusíadas*, dão um pé no traseiro de Camões e oferecem facilidades da MPB – como se a própria MPB já não fosse, em nossa esplêndida decadência, um registro distante das "massas".

ANTROPÓLOGO DA MALDADE

Um antropólogo da maldade não acredita ser possível ensinar matemática ou a poesia de Manuel Bandeira ao morro ou à periferia, mas está certo de que o morro e a periferia têm de ensinar funk e rap aos "imperialistas" e "playboys"; seriam a expressão de um novo sistema de valores, de uma nova civilização.

APARELHAMENTO

Petistas estão em todos os lugares. Aparelham até apostila de ensino médio. Eles infernizam o nosso presente, inviabilizam o nosso futuro e desmoralizam o nosso passado. Todas as instituições estão sujeitas a seu trabalho insidioso.

AQUECIMENTO GLOBAL

É justo e prudente que os governos se preocupem com o aquecimento global. O que me irrita é essa bobagem de "a culpa é nossa"; "a culpa é do *serumano*". Que culpa, cara-pálida? Eu não peço desculpas pela invenção do antibiótico, do carro, do vaso sanitário, da informática, do uísque, do ácido acetilsalicílico, do omeprazol ou do Chicabon...

Como é que vamos aumentar a quantidade de proteína consumida pelos africanos sem contribuir para a suposta catástrofe do aquecimento global? Que fatalismo é esse que opõe uma vida melhor aos mais pobres à sobrevivência do planeta? "Ah, mas os ricos é que terão de abrir mão de regalias." Quais? Aquelas que lhe permitiram desenvolver as vacinas que fizeram com que a humanidade não entrasse em extinção?

Segundo pesquisa da BBC, o povo brasileiro é o que mais teme o aquecimento global. Faz sentido. A imprensa brasileira adora o assunto. Há mais indignação cívica com o derretimento de geleiras do que com roubo do dinheiro público, o que mostra que este continua a ser o país do futuro.

Brasileiros têm mais medo do aquecimento global do que os outros povos. Entendo. Por que iriam se preocupar com os próximos 20 anos? Preferem planejar o mundo para daqui a 200... Corresponde a uma renúncia ao presente pelas próximas 10 gerações. Assim, um mundo ecologicamente correto vira a nossa fantasia edênica, a nossa utopia.

A ONG de Kofi Annan anda espalhando que o aquecimento global mata 315 mil pessoas por ano. Uau! Annan presidindo ONG? E quem cuida do cofre? O filho dele está metido na história? Se consegue fazer falcatrua na ONU, imaginem numa entidade internacional, cheia de financiadores europeus e americanos com consciência culpada...

O que sempre me espanta na Igreja dos Santos do Aquecimento Global dos Últimos Dias é a precisão. Se eu perguntar a Kofi Annan se vai chover amanhã, é bem capaz de ele molhar o dedo na saliva para interpretar os ventos. Ou de consultar alguma entidade tribal não eurocêntrica. Mas integra a turma que sabe exatamente qual será a temperatura média em 2130.

Cientistas dizem agora que o aquecimento global seria positivo para a agricultura dos países ricos, mas devastador para a da África. Como se vê, existiria uma espécie de luta de classes também no clima. Depois pretendem que eu leve a sério esse troço. Deixo essa tarefa para vocês, irmãos: pensem no fim do mundo por mim. Eu continuarei a rezar contra as tentações do capeta...

ARISTOCRACIA BANANEIRA

Lula mudou a lei para "legalizar" a compra da Brasil Telecom pela Oi, de seu amigo Sérgio Andrade. No capitalismo, os negócios são feitos de acordo com a lei; no cartorialismo, as leis são feitas de acordo com os negócios; a primeira prática define uma república democrática; a segunda, uma aristocracia bananeira.

ASSASSINATOS EM MASSA

Para os padrões chineses, Mao Tse-tung foi um intelectual: matou 70 milhões. Pol Pot teve aula com marxistas franceses: 3 milhões de cadáveres. Lenin, Stalin, Hitler... Todos tinham ambições filosóficas e se tornaram assassinos em massa. Não nasce marxismo nas selvas do Camboja. Brota nas bibliotecas de Paris e de Londres — onde Marx descansou por longo tempo seu traseiro cheio de furúnculos.

ATRASO

Para que Obama fosse o Lula dos americanos, em permanente estado de graça, os EUA teriam de ficar na marcha batida em que estão por mais umas duas ou três décadas: falta ainda muito atraso àquele país para nos alcançar.

rrotados do regime milit
vam que os nossos bolchev
s são mais inteligentes
os do tros. Eles qu
soci a n gra
eles lução del
dá ce pe o cart
lismo e arran do est
burguês, que eles queri
truir, a grana para suste
a sua derrota. Se tivess

B

BANDIDOS

Há, vocês sabem, muitas diferenças entre o que se chama "Primeiro Mundo" e o tal "Terceiro Mundo". Entre as mais evidentes, está o que eles fazem com os bandidos deles e o que fazemos com os nossos. Eles põem os deles na cadeia; nós pomos os nossos no poder.

BARBÁRIE

As hordas bárbaras avançam. Pode ser justo um mundo onde falece a inteligência? Acho que não. E o que é o senso de justiça sem inteligência senão brutalidade, fim de toda autoridade, fascismo "dos simples", barbárie?

BÍBLIA

É muito provável que Moisés não tenha aberto o mar Vermelho e que Paulo não tenha sido cegado por Deus e curado em seguida. Como poderia um "cientista" acreditar nisso? Mas que ganho extraordinário teriam os alunos se um professor de história, em vez de negar a Bíblia com boçalidades supostamente racionalistas, conhecesse o seu conteúdo para destrinchar conflitos de natureza ética que lá são expostos!

BOLCHEVIQUES NATIVOS

As indenizações e pensões aos derrotados do regime militar provam que os nossos bolcheviques são mais inteligentes do que os dos outros. Eles querem socialismo pra nós e grana pra eles. Se a revolução deles não dá certo, apelam ao cartorialismo e arrancam do estado burguês, que eles queriam destruir, a grana para sustentar a sua derrota. Se tivessem vencido, cadáveres; como perderam, dinheiro no banco.

BURGUESIA DO CAPITAL ALHEIO

O poder real do PT não está nos ministérios, sujeitos a alguns controles incômodos, por mais lassos que sejam. O que conta é o comando das estatais e dos fundos de pensão. E, aí, ninguém mexe. É nesses lugares que está instalada a nova classe social que chegou ao poder: a burguesia do capital alheio.

ndador do humanismo mode
porque é o criador do h
n ur de quem nada
igi vi er a
tido il . É
ndame li qu
mund co, princ
o da democracia contempor
a. Não por acaso, a chama
ivilização ocidental" é e
ndida, nos seus valores e

C

CAETANO VELOSO

Se você escreve, aparece um pouco, uma hora esbarra em Caetano Veloso, mesmo sem querer. Ou ele esbarra em você, já que gosta de falar sobre qualquer assunto e o faz com especial graça quando comenta coisas sobre as quais não entende nada.

Caetano faz embaixadinha para as esquerdas e diz em entrevista que uso um "tom cafajeste" quando me refiro aos esquerdopatas da USP. É o Sartre de Santo Amaro da Purificação. Aquele, em pleno nazismo, resistiu ao Partido Comunista e pôs em novos termos o engajamento. Quando o nazismo acabou, virou stalinista e, mais tarde, maoista. O baiano nunca foi um queridinho dos engajados. Não deixava de ser admirável a sua independência. Agora que Lula é poder, ele resolveu dar a sua contribuição. Cafajeste é o adesismo.

Chico Buarque tem uma cultura literária superior à da maioria dos artistas da chamada MPB, com a provável exceção de Caetano Veloso, também dado a arranques filosóficos. Embora Caetano seja mais falastrão, prefiro o baiano. Seu "programa" me parece mais voltado para o mundo das artes & espetáculos do que o de Chico, metido a analista político. Caetano pode ter o miolo um pouco mole, como acusou certa feita José Guilherme Merquior, mas, ao menos, não justifica ditaduras.

CAMISINHA

A Igreja e o papa se opõem à camisinha como substituto de uma escolha que é de natureza moral: fazer ou não fazer sexo. Quem não segue a orientação de abstinência aos solteiros e de fidelidade aos casados, por que alegaria estar seguindo a Santa Madre ao fazer sexo sem proteção?

CÂNCER

Com o PT, o câncer deixou de ser uma metáfora e passou a ser uma solução.

CAPITALISMO

Cada país é estúpido a seu modo. Mas será sempre mais inteligente acusar o mal-estar do capitalismo estando na abastança do que fazê-lo na carência. O Brasil precisa ser um pouco mais capitalista se quiser odiar o sistema com motivos ao menos suficientes.

As crises do capitalismo trazem em si o germe da própria solução, como não disse Marx.

A vida dos miseráveis tem melhorado — mas não o suficiente e no ritmo que queremos. Isso é culpa do nosso pouco capitalismo e não do pouco de capitalismo que temos.

CARÁTER HUMANO

A suposição de que o caráter humano, em especial dos humildes, é essencialmente bom é pura falta de Voltaire na veia.

CELIBATO SACERDOTAL

Igreja não é armário.

CELSO AMORIM

Antes de Celso Amorim no Itamaraty, o Brasil era um pão sem margarina. Depois de Amorim, subimos na cotação internacional: já somos um pão sem manteiga.

Amorim é do tipo que fabrica massa negativa: quanto mais ele se esforça, pior. Se trabalhasse a metade, renderia o dobro.

Como sempre, Celso Amorim, o filósofo do pragmatismo, manda a questão democrática às favas. Quem o vê por fora não suspeita que há um gigante moral por dentro.

Celso Amorim é o maior de todos os patetas menores. Desde que assumiu o Itamaraty, impressiona a sua dedicação em adequar o ministério à sua estatura. A política externa brasileira é a mais formidável coleção de erros de que se tem notícia em tempo tão curto. Do apoio ao governo genocida do Sudão ao flerte arreganhado com os terroristas, o país passou por muitos outros vexames.

CENTRISMO

Nunca fui, não sou e não serei da turma do "nem-nem". Esse tipo de centrismo é refúgio de covardes, de gente que pretende ser bom profeta do passado.

Há quem ache que ser acusado ora de uma coisa, ora do seu contrário é sinal de que se anda pelo meio, na trilha da virtude. Não necessariamente. Pode ser apenas confusão mental.

CHATOS

Acreditem em mim: em política, os chatos são menos perigosos do que os intensos.

CHICO BUARQUE

Fidel é milhares de vezes mais assassino do que os nossos ditadores, mas Chico Buarque toca violão pra ele. Se soubesse, tocaria flauta também. A Palas Atena dos vermelhos é o refinamento máximo a que chegou a esquerda brasileira: deu à luz um sambista.

A gritaria na internet e nas esquerdas é grande por eu ter criticado, num artigo na *Veja*, a Santíssima Trindade do esquerdismo de propaganda: Frei Betto, Chico Buarque e Oscar Niemeyer. Deveria ter reunido, na verdade, o Quarteto Fantástico: faltou Luis Fernando Verissimo, o humorista da turma — já que os outros pretendem se levar a sério...

Bandidos arrastaram o menino João, preso ao carro, até a morte. Sabem do que morreu o menino João? De um ataque virulento de progressismo. Para o menino João, não tem Estatuto da Criança e do Adolescente, não. Não tem ONG, não. Não tem música do Chico, não. O menino João já nasceu sem perdão. É o guri dos sem-Chico Buarque.

CHOMSKY

Noam Chomsky não passa de um Michael Moore alfabetizado, menos adiposo e, eventualmente, de banho tomado.

CHUTE NO TRASEIRO

Em matéria de ditadores de Terceiro Mundo e assemelhados, não há concorrência: ninguém, como o Brasil, oferece tão gostosamente o traseiro para ser chutado.

CIÊNCIA

A cegueira moral é ainda mais nefasta com o aporte da ciência, que é uma técnica.

CIRO GOMES

Ciro Gomes abusa de uma retórica balofa, toda cheia de expressões recortadas da economia política, o que lhe confere certa aparência de profundidade. Ninguém é capaz de dizer bobagens tão convictas como ele.

COERÊNCIA

Getúlio Vargas tinha o seu Horácio, aquele encarregado por Hamlet de narrar os eventos macabros. A Carta-Testamento foi redigida por um ghost-writer: José Soares Maciel Filho. Cartas de suicidas são uma fala sem lugar. Vejam este trecho: "Não me acusam, insultam; não me combatem, caluniam (...)." Há, aí, gradação e antítese, figuras retóricas. Que vaidade leva um cadáver adiado a cuidar do estilo? Vai ver, Maciel caprichou de tal sorte na farsa que Getúlio foi obrigado a se matar só para ser coerente.

COFRE

O delírio do PT é controlar a sociedade. O realismo de Lula é controlar o cofre.

COLONIZAÇÃO DO MERCADO

A expressão do momento, nas universidades, é resistir à "colonização promovida pelo mercado". A maioria silenciosa não dá bola pra essa besteira. A minoria barulhenta vai à guerra. O conceito é curioso porque faz supor que possamos ser caudatários, então, de uma cultura autóctone, de um nativismo pré-mercado ou de um tempo edênico em que o mundo não havia sido ainda corrompido.

CONDIÇÃO HUMANA

Se Deus ao menos tirasse de nosso coração os anseios, os desejos, para que aprendêssemos a ser pedra, a ser árvore, a ser bicho entre bichos... Mas nem isso. Somos uns macacos pelados, plenos de fúrias e delicadezas — e estas nos doem mais do que aquelas —, a vagar com a cruz nos ombros e a memória em carne viva.

Em Auschwitz, no Gulag ou em Darfur, vimos a dimensão trágica da liberdade: a escolha do Mal. E isso quer dizer, sim, a renúncia a Deus. Mas também se assistiu à dramática renúncia ao homem.

CONSCIÊNCIA

Só a consciência protege o homem de si mesmo.

CONSERVADORISMO

Há tanta gente boa no mundo mau que esses bonzinhos querem mudar, que eu decidi ser mauzinho no mundo bom que quero conservar.

CONVICÇÃO

A convicção da maioria não torna verdadeira uma mentira.

CORRUPÇÃO

O PT não inventou a corrupção, ele apenas a desmoralizou.

COTAS

Ali por 2030, o macho, branco, heterossexual e católico, sob risco de extinção e tornado o verdadeiro negro do mundo, também pode se candidatar a cotas. O mais provável é que acabe numa jaula, sob uma placa: "É proibido dar pipoca ao esquisito."

CRIMES

Esquerdistas estão sempre ocupados em uma de duas coisas, quando não nas duas: em cometer crimes e em justificá-los.

CRISTIANISMO

O cristianismo é o inequívoco fundador do humanismo moderno porque é o criador do homem universal, de quem nada se exigia de prévio para ser admitido como filho de Deus.

É o fundamento religioso do que, no mundo laico, é o princípio da democracia contemporânea. Não por acaso, a chamada "civilização ocidental" é entendida, nos seus valores essenciais, como "democrática e cristã". Isso é história, não uma crença.

CRISTO

Precisamos do Cristo não porque os homens se esquecem de ter fé, mas porque, com frequência, eles abandonam a Razão e cedem ao horror.

Lula se comparou a Cristo. Vocês sabem: sempre que alguém se compara a Cristo, eu sugiro primeiro a crucificação.

CRUZ

A Teologia da Libertação trocou a Cruz, que é eterna, pela foice e pelo martelo, que são apenas velhos.

CUBA

Cuba é uma ilha dividida em duas prisões: uma com comida — em Guantánamo — e outra sem comida: a de Fidel e Raúl Castro.

Os acenos de Obama a Cuba mesmerizam a inteligência, e os "analistas" se esquecem de observar que a súcia latino-americana que cobra o fim do embargo não apresentou, até agora, uma só demanda a Raúl Castro, o anão homicida.

CULTURA DA PERIFERIA

A glorificação do crime e da "cultura do morro" não é coisa do povo, do pobre. Este quer que seus filhos estudem, que aprendam a "cultura" de quem vive ao nível do mar. Quem quer o "morro" falando a sua própria linguagem é o "branco" do asfalto. Gosta de ver o pobre como uma variante antropológica, uma nova civilização.

CULTURA DO OPRIMIDO

Em história, o sacrifício em benefício da expansão mercantil já salvou mais vidas do que aquele feito para alimentar algum espírito da floresta.

A vacina contra o sarampo está do lado de Pizarro, não do de Atahualpa. Não acredito em "cultura do oprimido". Se ela existisse, seria só ressentimento e violência, porque não falaria em nome de um triunfo, de um valor afirmativo. Seria feita só de negação.

ter conhecido o esplen

. O declínio da civilizaç

sileira não poderá ser co

o. O PT pe[illegible]que tod

valores [illegible]ob ataqu

judou [illegible]promover

gme[illegible]cura de

s r[illegible] no[illegible]ido, p

o de "causas". As dema

endas continuam ocupad

disputas do século passa

D

D

DARWIN

O Brasil é a prova de que Darwin estava errado. Somos a verdadeira ilha de triunfo dos menos adaptados

DECADÊNCIA

O Brasil entrou em decadência sem ter conhecido o esplendor. O declínio da civilização brasileira não poderá ser contado. O PT percebeu que todos os valores estavam sob ataque e ajudou e ajuda a promover a fragmentação, que procura depois reunir no partido, por meio de "causas". As demais legendas continuam ocupadas em disputas do século passado, quiçá do anterior.

DEMOCRACIA

Não existe democracia sem eleições, como sabe Cuba. Mas só eleições não fazem uma democracia, como sabe a Venezuela.

Na democracia, a gente tem de ser tão diligente, mas tão diligente, que, se for preciso, a gente ajuda o povo a se proteger de si mesmo...

"Democracia participativa" em *petês* quer dizer menos democracia em *democratês*.

Estou 100% convicto da superioridade moral e do valor universal da democracia. E não mudaria de ideia ainda que a maioria discordasse. A democracia é tão importante, que, se preciso, tem de ser preservada da vontade da maioria!

O efetivo estado de direito é testado com o tratamento dispensado aos criminosos. O valor positivo da democracia, sem dúvida, é traduzir a vontade da maioria; mas isso pode ser feito por outros regimes. A sua diferença está, então, no valor negativo: ela tem de proteger a minoria, aqueles que dissentem. Ou não é democracia.

DERROTA

Um petralha, tentando me sacanear, disse que estou sempre do lado dos derrotados: votei contra Lula no Brasil: perdi; teria votado contra Obama nos EUA: perderia também. Pois é, amigo... Não preciso participar do espetáculo indecente da partilha do saque nem justificá-lo.

Perderemos um dia, nem que seja para a morte. Importa é o que se ganha na trajetória. O resto é pó, borra de café, água servida.

DIALÉTICA

A psicose dialética é uma brotoeja teórica que nasce na esquerda e que faz o bem brotar do mal, e o mal, do bem.

DIPLOMA

No petismo, quem não tem diploma se orgulha de não tê-lo; quem se orgulha de tê-lo não o tem.

DIREITA

Não satanizo palavras, como vocês sabem. Segundo os meus valores, "direitista" pode ser um adjetivo muito menos ofensivo do que "esquerdista". No mínimo, você tem menos cadáveres a arrastar história afora.

DITADORES

Posso mandar, e mando, para o diabo que os carregue todos os ditadores de países capitalistas. E sobra como herança do modelo praticamente a totalidade das conquistas da humanidade. E se os esquerdistas abrirem mão dos seus? O que é que lhes sobra?

DIVERGÊNCIA

Sou a favor da divergência. Em política, quando todo mundo está de um lado só, quem fica do outro lado, chupando o dedo, é o tal "povo", coitado!

DOGMATISMO

Diante de um sorveteiro, do aborto, dos foguetes do Hamas, da eutanásia, da comida japonesa, da pena de morte, do pagode, do *Bolero* de Ravel ou da ditadura cubana, prefira a dúvida que faz a fama dos sensíveis à certeza que faz a má fama dos dogmáticos.

DROGAS

Querem que o tráfico deixe de ser crime? Um país pode decidir acabar com o crime tirando de circulação os criminosos. É o que chamo de boa solução conservadora. E outros podem decidir acabar com os criminosos tirando de circulação o crime. É o que chamo de estúpida solução progressista.

Muita gente rejeita a responsabilidade dos consumidores de droga na tragédia social brasileira. São os "playboys" do relativismo.

DUMPING

Em matéria de ironia, ainda que involuntária, ninguém pode com o governo, não. Essa gente faz dumping de piadas.

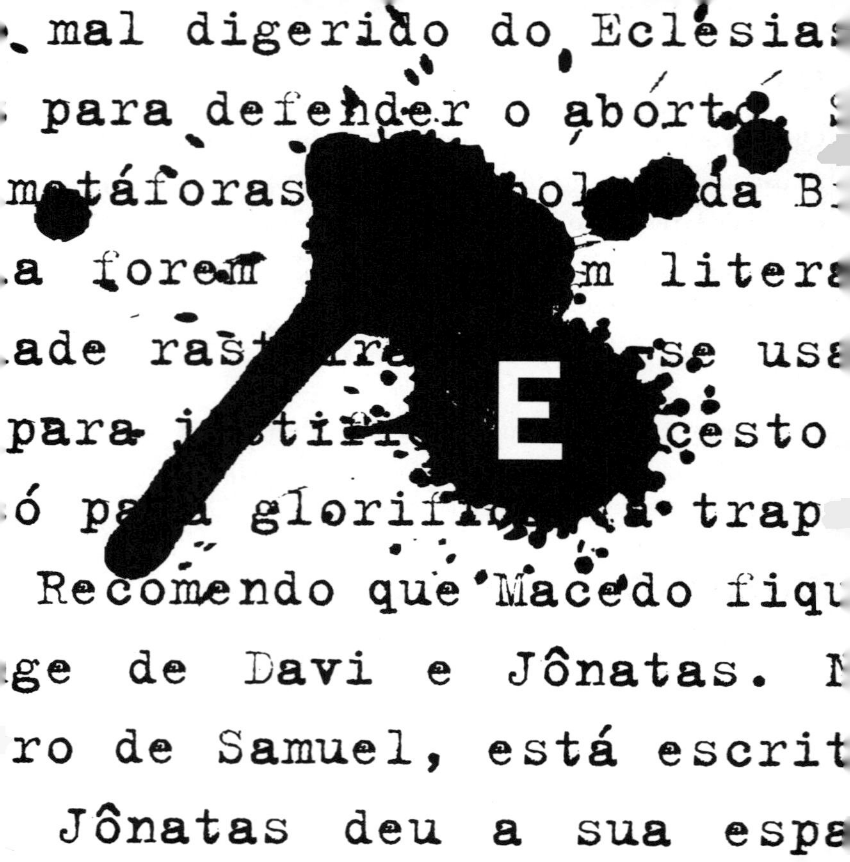
mal digerido do Eclesias
para defender o aborto.
metáforas da B
a forem m litera
ade se usa
para cesto
ó glori trap
E
Recomendo que Macedo fiqu
ge de Davi e Jônatas.
ro de Samuel, está escrit
Jônatas deu a sua espa

E

EDIR MACEDO

Edir Macedo concedeu uma entrevista à *Folha* e deixou claro que acredita na remissão dos corruptos. Ele também defendeu o aborto. Entendi. O "deus" de Edir Macedo perdoa os corruptos, mas não perdoa os fetos.

Edir Macedo recorre a um trecho mal digerido do Eclesiastes para defender o aborto. Se as metáforas e símbolos da Bíblia forem lidos com literalidade rasteira, pode-se usar Ló para justificar o incesto, e Jacó para glorificar a trapaça. Recomendo que Macedo fique longe de Davi e Jônatas. No livro de Samuel, está escrito que Jônatas deu a sua espada ao cunhado porque "o amava como à sua própria vida". Imaginem o bafafá...

EDUARDO GALEANO

Pensadores dividem hoje a esquerda latino-americana em "vegetariana", a mais moderada, e "carnívora", a mais radical. Eduardo Galeano é a esquerda herbívora.

EDUCAÇÃO

Os "educadores" das escolas da elite jamais convidarão os alunos para ver como funciona uma empresa ou uma agroindústria. Preferem "conscientizá-los" levando-os para conhecer acampamentos de sem-terra. São professores com aporte intelectual revolucionário — mas com salários altos e ar-condicionado, o que lhes é facultado pelo talão de cheques das detestáveis "elites econômicas".

A revolução da qualidade na educação é mais uma questão de vermífugo ideológico do que de verba.

EGOÍSMO

Atuar em ONG ou é oportunismo ou questão psicanalítica. Com raríssimas exceções, quase santas, o homem normal se ocupa é de si mesmo e de sua família. É o correto. A civilização se forma assim. O egoísmo é o mais altruísta dos sentimentos.

ELITES INTELECTUAIS

Ainda hoje, alguns pensadores se perguntam como foi possível que as várias manifestações de fascismo tenham se dado numa Europa que já tinha atingido notável requinte civilizatório. Foi assim, como se vê no Brasil: com as elites intelectuais rendidas a um ente de razão, a um partido, a um projeto de poder.

ESCÂNDALO

Eis o PT: naturaliza como coisa legítima os próprios escândalos e escandaliza as ações legais dos adversários.

ESMOLA

Dei certa feita R$ 2 de esmola. O sujeito achou pouco e me xingou. Tomei o dinheiro de volta. Quem dá aos pobres empresta a Deus. Quem é didático com eles começa a escrever um evangelho.

ESPECIALISTAS

Eu não me intimido com especialistas. Se os cardiologistas mandassem no mundo, seria proibido comer omelete com bacon, uma delícia! Mas você precisa fazê-lo com moderação. A disciplina moral não é uma ciência exata.

ESPERANÇA

"É na esperança que somos salvos", disse o apóstolo Paulo. O que ganha quem se esforça para roubá-la do homem, fale em nome da Razão, da Natureza ou de algum outro Ente maiúsculo qualquer?

ESQUERDISTA

Esquerdista é todo aquele que aceita, sob certas condições, solapar a lei democraticamente instituída em nome do que entende ser justiça social. Direitista é quem não aceita esse solapamento e quer o triunfo da lei porque entende que sua transgressão gera ainda mais injustiça.

ESTADO DE DIREITO

Se alguém desafiasse: "Prove, articulista, que o estado de direito, que segue os ritos processuais, é mais justo do que os tribunais populares", haveria uma grande chance de a civilização do estado de direito parecer mais ineficiente, mais fraca, do que a barbárie. Há casos em que é mais fácil exibir cabeças do que provas. A convicção plena, às vezes, é um tanto desamparada.

ESTATAIS

São as empresas privadas que atendem aos interesses públicos; as empresas públicas existem para atender aos interesses privados.

Enquanto os mastodontes não são privatizados entre milhares de acionistas, continuam a ser propriedades privadas de um partido.

ESTUDO

Ao permitir que leitores ironizem a gramática lulesca, eu estaria sendo preconceituoso. É? Quantas vezes o jornalismo mangou de FHC porque ele é um intelectual? Ironizar alguém que já leu um livro de Max Weber é moralmente superior a ironizar quem não leu livro nenhum?

EVOLUÇÃO

Mais duas gerações, e os chimpanzés chegam ao poder no Brasil. Sem revolução. Pelo voto!

EXERCÍCIOS

Tento caminhar um pouco todos os dias. Dizem que faz bem. É uma chatice, como todo exercício físico. Fumar é muito mais gostoso. Mas você deve andar, não fumar. Não conseguiria fazer esteira sem me sentir idiota. Em academia, nem pensar: há algo em mim parecido com pudor. Aquele que sua ao lado não é "meu semelhante, meu irmão".

EXPERIÊNCIA

A experiência ilustra o pensamento, provoca-o, informa-o, convoca-o a avançar. Mas não o substitui.

"EXTREMISMO"

Quero-me e sou, quase sempre, um radical, um "extremista". Raramente acho que a virtude está no meio. Ao contrário: defendo é a polarização. Repudio essa nossa vocação para a convergência. É uma das desgraças do Brasil. Precisamos aprender a divergir.

têm cura, curam-se com amo

alista, Prozac, as três co

somadas mais um dose

sque (não [illegible] com o Pr

...). Ma[illegible] ão exag

n nas amb[illegible] e negóc

que você te[illegible] ser feliz

alquer [illegible]usto é pura falta

aginação, leitor amigo.

idiota é plenamente feli

Brasil concedeu refúgio

F

FALTA DE ASSUNTO

Está decidido: volta e meia, vou falar mal de um livro de Marilena Chaui ou de uma opinião política de Chico Buarque, o que é fácil. Já cansei de esculhambar o *Bolero* de Ravel e gente que grita "uhuuu" em show de jazz. Criticar esses dois rende um ibope danado. Eles são a melhor falta de assunto de um cronista.

FARC

O Brasil concedeu refúgio ao narcoguerrilheiro colombiano padre Medina. O que ele faz na missa? Manda cheirar o corpo de Cristo?

O Foro de São Paulo não aprova mais a luta armada em moldes tradicionais. A ordem é chegar ao poder por meio de eleições. E foi o convite que Lula fez às Farc, suas companheiras de Foro: que se integrem à política. Mais um pouco, ele diria: "Como fez o PT."

FASCISMO

O fascismo, felizmente, não deixou senão defensores residuais e sem importância. Já os epígonos intelectuais do socialismo homicida estão na academia, na imprensa, nos governos e integram o establishment das democracias, construídas à sua revelia. Afinal, o regime democrático é obra do liberalismo.

FELICIDADE

As infelicidades individuais, se têm cura, curam-se com amor, analista, Prozac, as três coisas somadas mais uma dose de uísque (não junto com o Prozac...). Mas também não exagerem nas ambições. Esse negócio de que você tem de ser feliz a qualquer custo é pura falta de imaginação, leitor amigo. Só um idiota é plenamente feliz.

FERNANDO COLLOR

Pedem que eu comente a eleição de Fernando Collor para a Academia Alagoana de Letras mesmo sem ter escrito livro nenhum. Vocês precisam aprender a ver o mundo pelo lado bom. Poderia ser pior? Sim! Ele poderia ter escrito um livro!

FIDEL CASTRO

Quando Fidel voltar ao inferno, o diabo dará um chega pra lá em Pinochet: "Até que enfim, Mico Mandante! Agora, sim, um homicida de respeito — respeitado tanto aqui no inferno como na terra."

FINS E MEIOS

Um autoritário dirá que o fim sempre justifica os meios; um sujeito tolerante, como eu, dirá que os meios qualificam o fim.

FÓRUM SOCIAL MUNDIAL

Penso naquela "juventude" sonhadora no Fórum Social de Belém, sob aquele calor, embalada pela batida erótica do tambor pré-e-mail de Mercedes Sosa ("Me mandaran una carta..."), e sinto a necessidade de tomar um Dramin. "Ay, sí, sí, síii..."

FRANÇA

A França é um celeiro de delírios de justiça que se realizam como carnificina em países distantes.

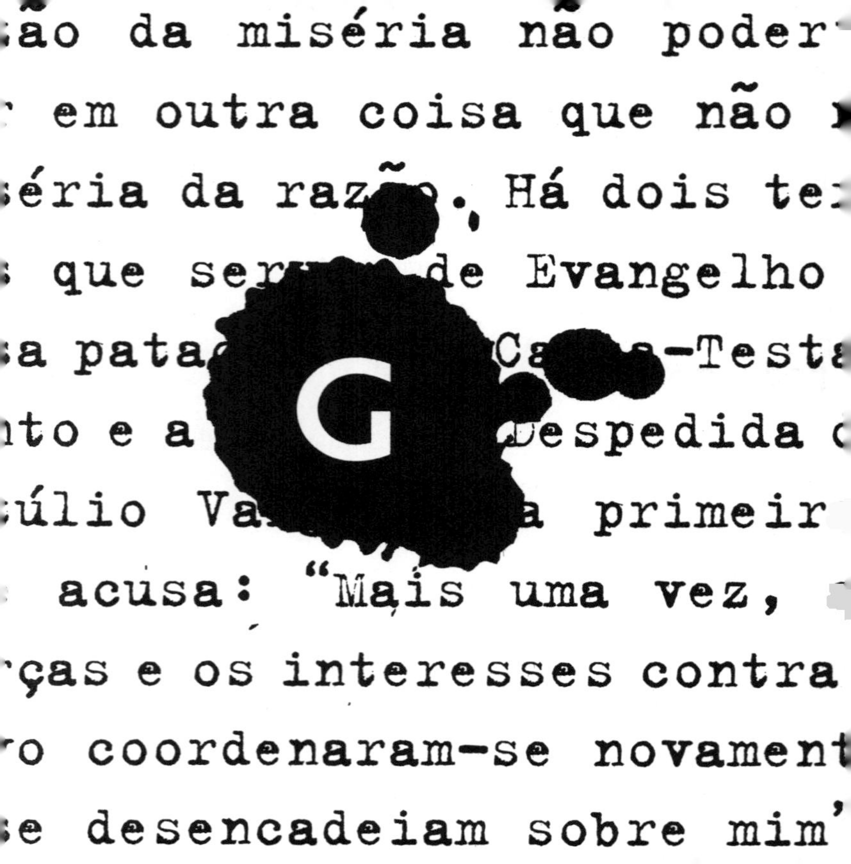
ão da miséria não poder
em outra coisa que não
éria da raz . Há dois te
que se de Evangelho
a pata C -Testa
to e a espedida
úlio Va a primeir
acusa: "Mais uma vez,
ças e os interesses contra
o coordenaram-se novamen
e desencadeiam sobre mim'

G

GERIATRIA

Vi secundaristas de cabelos brancos num protesto. A militância geriátrica chegou ao ensino médio? Essa gente tem é de pedir a Lula a Bolsa do Militante Idoso...

GETÚLIO VARGAS

A anunciada pretensão de Lula ser um novo Getúlio Vargas é um pouco mais do que bravata. O petista é realmente fascinado pelos defeitos do ex-ditador.

A política feita no Brasil como razão da miséria não poderia dar em outra coisa que não na miséria da razão. Há dois textos que servem de Evangelho a essa patacoada: a Carta-Testamento e a Carta de Despedida de Getúlio Vargas. Na primeira, ele acusa: "Mais uma vez, as forças e os interesses contra o povo coordenaram-se novamente e se desencadeiam sobre mim." Na outra, o mesmo tom de quem se prepara para ser o cordeiro do povo que tira os pecados do mundo: "Deixo à sanha dos meus inimigos o legado da minha morte. Levo o pesar de não haver podido fazer, por este bom e generoso povo brasileiro e principalmente pelos mais necessitados, todo o bem que pretendia." Na primeira carta, o plágio não poderia ser mais explícito ou escandaloso: "Eu vos dei a minha vida. Agora ofereço a minha morte." Se pudesse, teria escolhido a crucificação.

GOLPE

Não se pode mais aceitar um golpe com tanques, como no passado. Não se pode aceitar um golpe com urnas, como no presente.

GOLPISMO

Nós, os que acreditamos no individualismo radical; os que não suportamos que o demônio do Estado venha nos dizer o que fazer e o que não fazer; os que não reconhecemos a autoridade da manada; os que não aceitamos o argumento da autoridade do social sobre a autoridade moral; os que não acatamos que leis democraticamente votadas sejam sacrificadas por causa da gritaria de minorias influentes; nós temos o dever de resistir, de ir para a guerra de valores, de acusar o golpismo dessa gente nefasta.

A revolução da qualidade na educação é mais uma questão de vermífugo ideológico do que de verba.

GOSTO MÉDIO

Sempre que Roberto Carlos joga alguma rosa para a plateia, a cafonice agradece. Mas não há transgressão possível na música ou inovação se ele não jogar aquela rosa. No dia em que isso não mais acontecer — ou em que desistir de cantar *Emoções* —, algo se terá quebrado para sempre. O nome disso é referência. O gosto médio é insuportável, mas é a chave da invenção.

GOVERNO E OPOSIÇÃO

Quando o PT era oposição, tudo era culpa do governo, inclusive o que não era, e isso refletia o modo de o PT se opor. Hoje em dia, nada é culpa do governo, inclusive o que é, e isso reflete o modo que as atuais oposições têm de se opor.

GRAMSCI

O moderno esquerdista brasileiro, essa contradição em termos, esse Jeca Tatu com laptop, tem ainda em Antonio Gramsci a sua principal referência. O comunista italiano é o parasita do amarelão ideológico nativo. Parte da nossa anêmica eficiência na educação, na cultura, no serviço público e até na imprensa se deve a essa ancilostomose ideológica.

GRIPE SUÍNA

As instituições respiram no país, embora rondadas por uma gripe: o espírito de porco do populismo.

am chatos como Fortimbrá
de cretinos animados co
let. Precisamos de despa
ntes das instituições qu
am prevalecer a lei a des
to de clinações emo
nais quem sacrifi
a leg e sob o pretext
praticar just a ou igual
e. Ao longo da história,
ão idealizada sobre o pobr

H

HAMLET

Precisamos de governantes que sejam chatos como Fortimbrás, não de cretinos animados como Hamlet. Precisamos de despachantes das instituições que façam prevalecer a lei a despeito de suas inclinações emocionais, não de quem sacrifique a legalidade sob o pretexto de praticar justiça ou igualdade.

HERESIAS

Ao longo da história, a visão idealizada sobre o pobre — uma das muitas heresias do cristianismo — foi substituída pela glorificação da marginalidade, uma das heresias do marxismo.

HISTÓRIA

O Brasil é vampirizado por espertalhões empenhados em inventar para si uma história gloriosa. A sua melhor contribuição ao futuro é reescrever o passado, o que dá conta de seu horizonte miserável.

Esquerdistas acreditam na história como sujeito e no sujeito como objeto.

HOMEM COMUM

Não fui eleito por ninguém. Quando falo, faço-o apenas em meu próprio nome. O povo não tem nada com isso. Não vocalizo a voz do homem comum pela simples e óbvia razão de que sei que não sou *o* homem comum. Até porque ele não existe. É uma ficção da demagogia.

HONESTIDADE

Povo gosta de gente honesta; quem gosta de bandido é jornalista.

HONRA

Os homens só existem para que, ao fim da vida, possam honrar seus pais.

HUGO CHÁVEZ

Quando vejo Hugo Chávez, lembro-me de uma frase de um girondino para Marat, um dos porras-loucas jacobinos: "Deem um copo de sangue a este canibal; ele está com sede." Associar um bandoleiro com cara de gigolô aos revolucionários do Terror francês é superestimar a sua condição — mas faz justiça àqueles sanguinários, ainda hoje tratados como poetas da revolução.

HUMILDADE

A humildade é só a arrogância à espera de aclamação — vale dizer: soma a hipocrisia à prepotência.

O humilde por iniciativa própria ou vocação revela um grave desvio de caráter. Não confie nele!

dias. Dizem que faz bem.
a chatice, como todo exerc
o físico. Fumar é muito m
stoso. Mas você deve anda
o fumar. Não consegui
zer esteira sem me sen
iota. Em academia, nem pe
r: há algo em mim pareci
m pudor. Aquele que sua
do não é "meu semelhan
u irmão". Tento caminhar

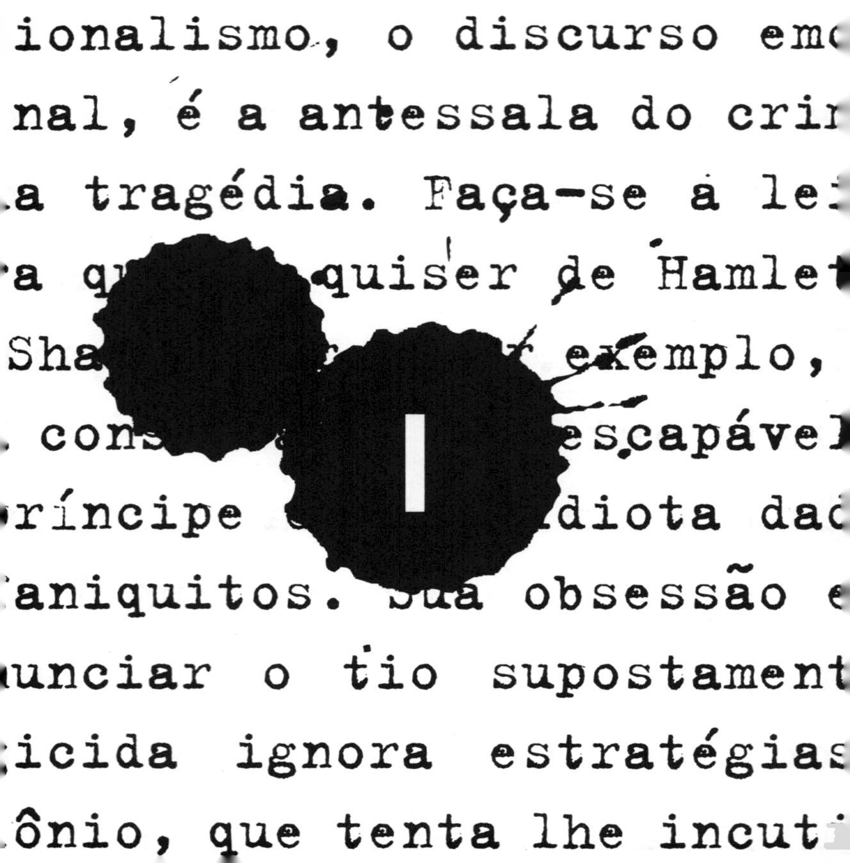
ionalismo, o discurso emo
nal, é a antessala do cri
a tragédia. Faça-se à le
a qu quiser de Hamlet
Sha exemplo,
cons scapável
ríncipe diota da
aniquitos. obsessão
unciar o tio supostament
icida ignora estratégias
ônio, que tenta lhe incut
I

I

IDEOLOGIA

O que resta de ideologia no PT não presta. E o que não é ideologia presta menos ainda.

IDIOTAS

Lula pensa que os outros são idiotas? Pensa. Tem razão? Frequentemente.

IGNORÂNCIA

Às vezes, sou grato aos ignorantes bondosos. Permitem-me escrever boas frases. Com ou sem tumores na cabeça, leitor, se a vida lhe der um ignorante, faça uma limonada.

IGREJA CATÓLICA

A Igreja católica brasileira dorme com o inimigo. Sua fé foi corrompida. Deixou de ser esposa de Cristo para ser concubina do esquerdismo bocó.

IGUALDADE

Sempre que se é igual com desiguais, o pior sai ganhando.

ILUMINISMOS

O Iluminismo anglo-saxão venceu o francês: a força da grana erigiu cidades, catedrais, civilizações e fez vacinas. O discurso da igualdade, quando aplicado, produziu só uma impressionante montanha de cadáveres.

IMPERATIVO ÉTICO

Atrapalhar os petistas é um imperativo ético.

IMPUNIDADE

Os europeus e americanos são quem são porque punem os seus faltosos. E o Brasil é o que é porque elege e reelege os seus.

INDEPENDÊNCIA

Certo articulismo ainda não consegue criticar o governo Lula sem largar o braço também nos tucanos. Longe de provar "independência", isso evidencia o contrário: quem precisa provar para esquerdistas que é independente já se tornou dependente dos esquerdistas.

ÍNDIO

A prova da pureza indígena de Raposa Serra do Sol é que uma das fortes clivagens locais se dá entre índios católicos e índios evangélicos. Isso não é mesmo "podre de índio"?

INDIVIDUALISMO

Nestepaiz, só o individualismo é mais pecaminoso do que o lucro. A ideia de que o indivíduo é responsável por seus atos ofende os órfãos pidões, tutelados pelo Estado.

INIMPUTÁVEIS

Há três grupos inimputáveis no Brasil: as crianças, os idiotas e os petistas.

INSTRUMENTOS DE PERCUSSÃO

Estou convicto de que a importância de uma civilização é inversamente proporcional à variedade de seus instrumentos de percussão.

INTELECTUAIS

Um grande intelectual produz bons argumentos mesmo quando erra. Um picareta produz obscurantismo até quando acerta.

INTOLERÂNCIA

Um dos meus pequenos e cotidianos prazeres intelectuais é desmascarar a intolerância dos tolerantes; é revelar o fundo falso dessas pessoas "boas" que só querem o bem da humanidade impondo a censura e tentando calar aqueles de quem discordam.

IRRACIONALISMO

Em política, como na vida, o irracionalismo, o discurso emocional, é a antessala do crime e da tragédia. Faça-se a leitura que se quiser de *Hamlet*, de Shakespeare, por exemplo, e uma constatação é inescapável: o príncipe era um idiota dado a faniquitos. Sua obsessão em denunciar o tio supostamente regicida ignora estratégias. Polônio, que tenta lhe incutir um tanto de razão, acaba assassinado acidentalmente pelo jovem estabanado. É o primeiro da carnificina promovida pelo justiceiro.

ISLÃ

Não deixa de ser sintomático que Obama tenha tido de recuar uns dez séculos para ser grato pelas contribuições que o Islã deu ao mundo.

É preciso ter reciprocidade nessas coisas. Algum aiatolá ou alguma suma autoridade sunita poderia vir ao Ocidente agradecer ao cristianismo pela descoberta do antibiótico, da vacina e até dos aviões que derrubam torres... Se a gente tem de dizer "obrigado" ao Islã por ter segurado a onda da aritmética durante o período das "trevas" cristãs, então eles que venham se ajoelhar ao pé da cruz pelos últimos mil anos.

Não lhes parece uma troca justa? Nós seremos gratos aos islâmicos porque eles nos deram um passado, e eles nos serão gratos porque lhes damos um futuro.

O judaísmo se reformou; o cristianismo vive em permanente reforma; o hinduísmo, à sua maneira, mudou. Onde estão os reformadores do Islã? A única forma de dialogar com aquele mundo é o Ocidente declarar a culpa que não tem?

No Cairo, Obama fez um discurso subserviente ao Islã e cheio de pedidos de desculpa. Mesmo assim, foi criticado pelos radicais. São espertos! No dia em que não estiverem mais no lugar das vítimas, acusando o Ocidente, terão perdido poder. É preciso atacar os Baracks Obamas da vida para que estes possam mimá-los.

ISRAEL

Para Israel, a fórmula "desistir de terras em troca de paz" é uma sandice porque parte da suposição de que os terroristas querem terra e querem paz. Fosse assim, o problema já teria sido resolvido. O país não tem de abrir mão de um palmo de território enquanto os palestinos não abandonarem o terror. Sem isso, Israel tem é de desistir da paz em troca de terra.

Para os israelenses, a pergunta é simples, a resposta é fácil, e a solução abre as portas do inferno: Israel deve permitir que o Irã, que prega abertamente a sua destruição, tenha a bomba nuclear? A difícil resposta fácil é esta: NÃO!

Digamos, só por hipótese, que os israelenses escolhessem um Moisés para levá-los a uma nova terra prometida... No dia seguinte, além de o Hamas ter imposto a toda a região o regime tirânico que já vige em Gaza, o que mais aconteceria? Huuummm... Começariam os esforços para chegar a Paris! O programa do Hamas prevê combater os infiéis onde quer que eles estejam. A sua demanda local é só a mais urgente.

O que grita na censura aos israelenses é a voz tenebrosa de um silêncio: essa gente, governo brasileiro incluído, é contra a existência do Estado de Israel e acredita que só se obteria a paz no Oriente Médio com a sua extinção.

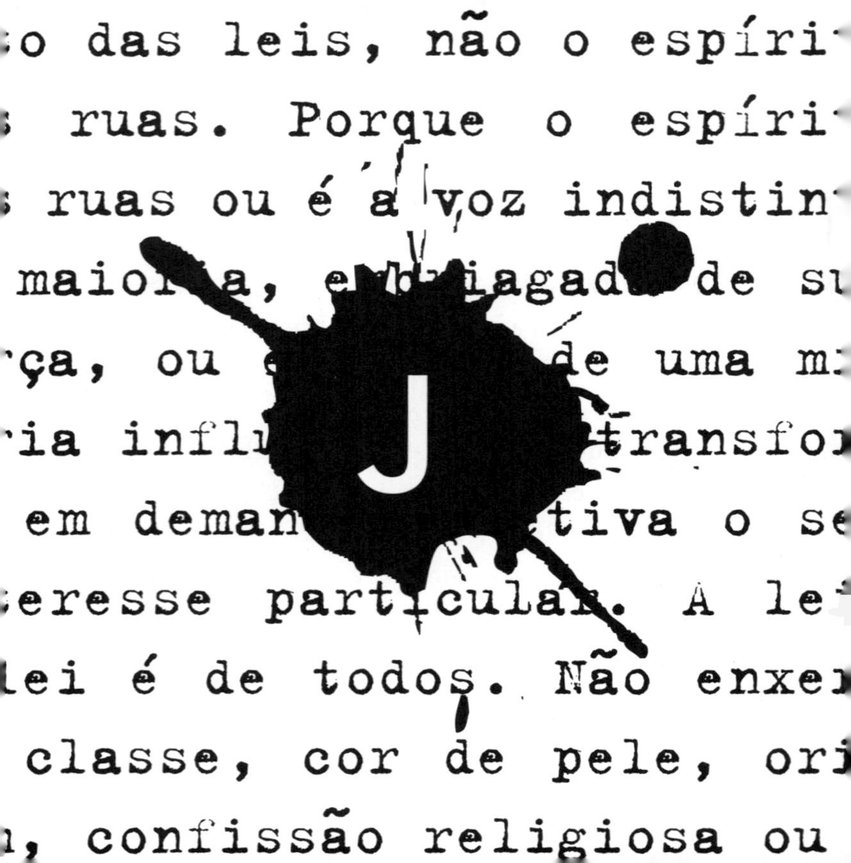
o das leis, não o espíri
ruas. Porque o espíri
ruas ou é a voz indistin
maior a, e briagad de su
rça, ou e de uma m
ria influ transfo
em deman tiva o se
eresse particular. A le
lei é de todos. Não enxe
classe, cor de pele, ori
, confissão religiosa ou
J

J

JOAQUIM BARBOSA

Joaquim Barbosa habita o Supremo Tribunal Federal. Isso é uma distinção e tanto para qualquer brasileiro, pouco importa sua origem social ou a cor de sua pele. Falta agora que deixe o Supremo Tribunal Federal habitá-lo, sentindo-se, como de fato é, um deles.

Joaquim Barbosa não deve se animar pensando ser o capitão Nascimento do STF. Não lhe cabe o epíteto de "osso duro de roer". É pago para fazer justiça, não por ser justiceiro.

JORNALISTAS

Há enormes diferenças entre a minha relação com os atuais oposicionistas e a relação dos jornalistas petistas (de carteirinha secreta) com o seu partido: quando as oposições fazem besteira, escrevo: "É besteira!" Quando o PT faz besteira, eles escrevem: "Foi o governo FHC que começou." Eu mando nos meus tiros. Eles atiram a mando.

JOSÉ GUILHERME MERQUIOR

Os esquerdistas dizem que eu e Diogo Mainardi não somos bons como José Guilherme Merquior, um de seus alvos no passado. Entendo. Só não revelam que, para eles, a grande qualidade de Merquior, como intelectual conservador, é estar morto. Adulam cadáveres para atacar os vivos.

JUIZ

Um juiz tem de ouvir o espírito das leis, não o espírito das ruas. Porque o espírito das ruas ou é a voz indistinta da maioria, embriagada de sua força, ou é a voz de uma minoria influente que transforma em demanda coletiva o seu interesse particular. A lei? A lei é de todos. Não enxerga classe, cor de pele, origem, confissão religiosa ou o que seja.

Numa democracia, os juízes ensinam ponderação ao povo, mas o povo não ensina fúria aos juízes.

Numa democracia, os juízes ensinam tolerância aos intolerantes; mas os intolerantes não ensinam intolerância ao juiz.

Numa democracia, os juízes, se preciso, preservam o povo de si mesmo, ensinando-lhe que nem mesmo a ele é lícito, no calor das demandas da hora, solapar as bases que garantem os direitos a todos e a cada um.

JUSTIÇA

A justiça é cega para que possa enxergar, não para fazer justiça cega.

Sempre que se renuncia à lei e ao estado de direito para fazer justiça, especialmente aquela que pretende ter sotaque social, o que se faz é somar injustiças novas às injustiças antigas.

JUSTIÇA SOCIAL

Se há coisa que o Brasil produz com competência ímpar, é justiça social na ficção. Com o apoio da Petrobras, da CEF, do BB e da Lei Rouanet.

Tomem cuidado com os militantes da "igualdade" e da "justiça social". Toda crença tem um livro de referência. Esta também. Além de ter sido escrito com o sangue de muitos milhões, só se pode lê-lo adequadamente sobre quatro patas.

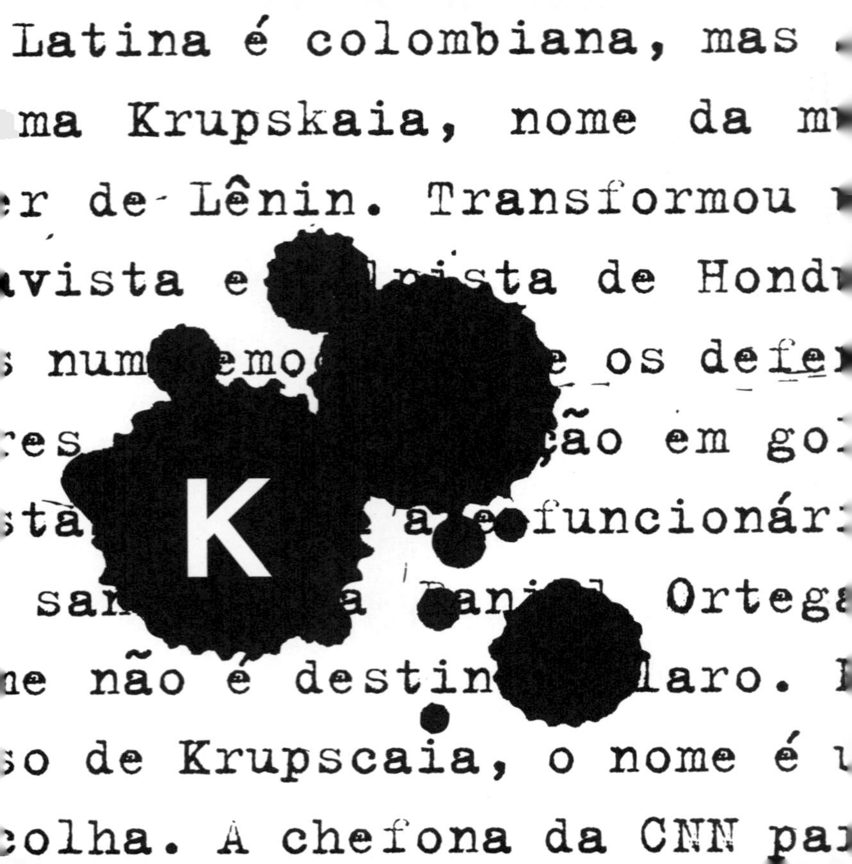
Latina é colombiana, mas
ma Krupskaia, nome da m
r de Lênin. Transformou
vista e
sta de Hond
s num
os defe
res
ção em go
funcionár
Ortega
e não é destin
aro.
o de Krupscaia, o nome é
olha. A chefona da CNN pa
K

K

KRUPSKAIA

A chefona da CNN para a América Latina é colombiana, mas se chama Krupskaia, nome da mulher de Lenin. Transformou um chavista e golpista de Honduras num democrata, e os defensores da Constituição em golpistas. Já foi até funcionária do sandinista Daniel Ortega. Nome não é destino, claro. No caso de Krupscaia, o nome é uma escolha.

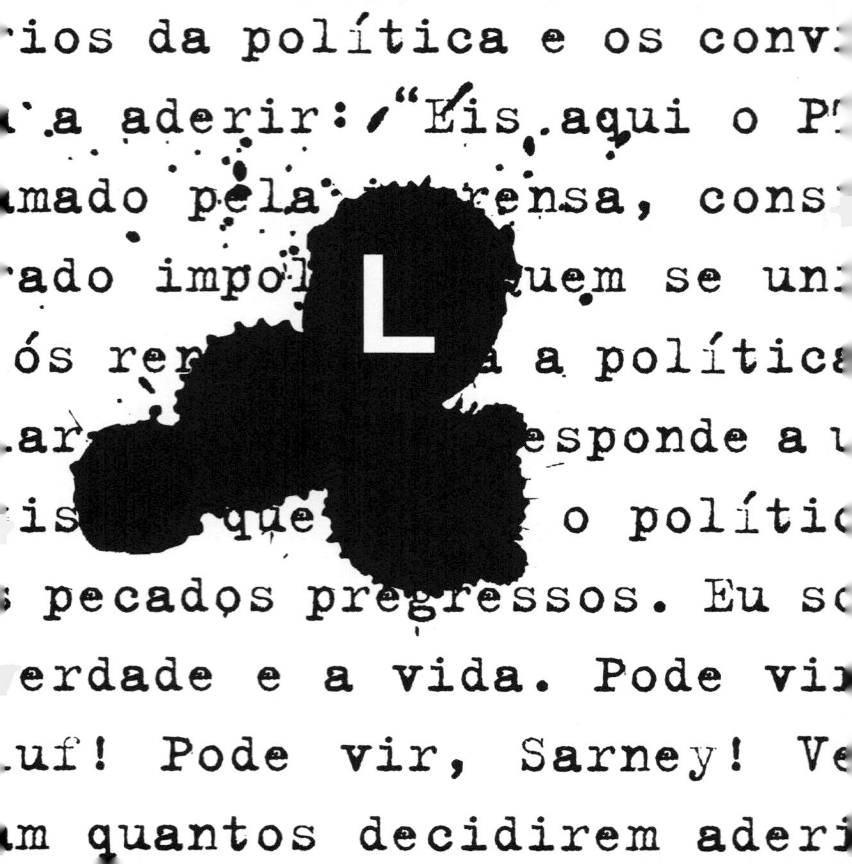
rios da política e os conv
a aderir: "Eis aqui o P
mado pela rensa, cons
ado impo quem se un
ós re a política
ar esponde a
is que o polític
pecados pregressos. Eu s
erdade e a vida. Pode vi
uf! Pode vir, Sarney! V
m quantos decidirem ader
L

L

LAVANDERIA DE REPUTAÇÕES

Lula chamou os antigos adversários da política e os convidou a aderir: "Eis aqui o PT. É amado pela imprensa, considerado impoluto. Quem se unir a nós renasce para a política. Aliar-se ao PT corresponde a um batismo, que livra o político dos pecados pregressos. Eu sou a verdade e a vida. Pode vir, Maluf! Pode vir, Sarney! Venham quantos decidirem aderir à boa-nova. Aqui está o PT, esta verdadeira lavanderia de reputações."

LEI ROUANET

Lei Rouanet? Por que o Estado tem de dar subsídio a artista malsucedido? E os caminhoneiros malsucedidos? E os contabilistas malsucedidos? E os padeiros malsucedidos? Ah, bem, não vale perguntar sobre torneiro mecânico malsucedido...

As leis de incentivo à cultura — seja a Rouanet, seja a do audiovisual — são um capítulo do farisaísmo das "elites conscientes" do Brasil. Na maioria das vezes identificadas com teses consideradas "progressistas", elas assaltam os cofres públicos com mãos de veludo e, não raro, dizem fazê-lo para o bem dos brasileiros.

LEIS

Sou tão chato com esse negócio de lei, que acho que ela deve valer para todo mundo.

Com o lulismo é assim: aos amigos, tudo, menos a lei; aos inimigos, nada, nem a lei.

LIBERDADE INDIVIDUAL

Temos de mobilizar outros indivíduos como nós neste exército sem quartel, nesta religião sem templo, que é a liberdade individual, que eles tentam sufocar, seja com a caridade que esmaga, seja com a patrulha que silencia.

LINGUAGEM

Sou míope. E acho razoável que se aponte a miopia dos políticos. Já fui quase gordo — hoje sou até bem magricelo —, e sempre me pareceu correto acusar a vocação balofa do Estado. Sou pálido, e não vejo mal nenhum em que se aponte a palidez moral do nosso tempo. Quem começa policiando a linguagem termina defendendo ditaduras virtuosas.

LIVRE-PENSADOR

O Brasil ainda vive a fase em que, para falar mal da esquerda, do socialismo e seus afilhados, é preciso bater primeiro no capitalismo e no neoliberalismo. Nesse caso, ganha-se então uma carteirinha de "livre-pensador". Que já não é tão livre, porque obrigado a pagar o pedágio aos punguistas ideológicos de plantão.

LIVROS DIDÁTICOS

No Brasil, os traficantes de ideias mortas são quase tão perigosos quanto os donos dos morros, como evidenciam nossos livros didáticos.

LÓGICA

A lógica é uma iguaria do pensamento. Mas há quem prefira comer capim.

Quem abandona a lógica escolhe o arbítrio.

Minha vacina se chama lógica. Tenho duas crenças inabaláveis: em Deus e na lógica — ainda que isso pareça ilógico a alguns tantos.

LUCRO

O lucro não é uma categoria moral inferior ao escambo. É só um outro patamar da civilização.

O lucro ainda é satanizado no Brasil. Topamos ser escravos se soubermos que o senhor não obtém vantagem nenhuma com isso. Se for para lucrar, aí a gente não aceita nem ser sócio.

LULA

Jamais serei grato a Lula por ele cobrar tão caro por aquilo a que temos direito de graça.

Para alguém que compreende a democracia, deixar o poder é coisa normal. Mas não é assim para quem se considera ungido não exatamente pelas urnas, mas por um destino ou força superior. É o caso de Lula. Parece que, quando ele nasceu, uma estrela surgiu no céu, e os jumentos se reuniram em torno de uma manjedoura.

Se Lula não existisse, jamais seria inventado.

Lula é uma realidade política e intelectual tão surpreendente, que só pode ser apreendido como objeto e designado como sujeito por meio de neologismos. Lula não dá conta da língua portuguesa, mas a língua portuguesa também não dá conta de Lula.

A cerimônia de extração daquele pouquinho de óleo do falso pré-sal serviu para Lula poder exibir as mãos sujas.

Lula tem tal horror a oposição, que é contra até aquela do Irã…

Acordo ortográfico feito por Lula não deixa de ter a sua graça. Convenham: para ele, tanto faz. É o nosso mais digno representante da chamada tradição oral.

LUTA DE CLASSES

A luta de classes, no Brasil, é o principal refúgio da canalhice intelectual. Tanto é assim, que a luta foi rebaixada a arranca-rabo.

dias. Dizem que faz bem
a chatice, como todo exerc
o físico. Fumar é muito ma
stoso. Mas você deve anda
o fumar. Não consegui
zer esteira sem me sent
iota. Em academia, nem pe
r: há algo em mim pareci
m pudor. Aquele que sua
do não é "meu semelhant
u irmão". Tento caminhar

se, têm formação exemplar
ros tantos, é inquesti
el, adoram celebrar o di
rcio e... re o sujeito e se
rbo c... las ... ovitei
, q... a pa... do ca
. As ... rnalismo
medicina, e... os cami
neiros: há os competente
extremo, os idiotas r
ro, e os medíocres no...

M

MACACO

Haver quem leia o texto de certo blogueiro e o considere, sei lá, bem escrito e até comovente só prova que a distância entre os humanos e os chimpanzés pode ser menor do que aquele famoso 0,5%. Em alguns casos, intuo que, se há diferença, só pode ser em benefício do macaco.

MAIORIA

A democracia não se esgota na vitória da maioria. Ela supõe a observância das regras do jogo e o respeito às minorias. Os novos tiranetes da América Latina ainda não entenderam esse princípio. No Brasil, o PT faz de tudo para fraudá-lo.

MANADA

É preciso atravessar o mar de ilusões a braçadas, cruzar o deserto de ideias com sede de futuro. Nado o quanto for preciso. Ando o quanto for preciso. Não me pegarão é dividindo o pasto com a manada, com essa gente boa, bem-intencionada e servil.

MARCO AURÉLIO GARCIA

Marco Aurélio Garcia afirmou que o câncer de Dilma Rousseff vai reforçar sua candidatura. O pensamento desse senhor é sempre digno de uma tarja preta.

MARILENA CHAUI

Marilena Chaui é a dona da vassoura teórica mais turbinada da esquerda brasileira.

Sim, o petismo é o neopentecostalismo da política. Observem que Marilena Chaui, por exemplo, também fala línguas estranhas: é o fenômeno da glossolalia. No caso dos cristãos, era a manifestação do Espírito Santo. No caso de alguns picaretas religiosos e dos petistas, é só o download do espírito de porco.

Marilena é a Tati Quebra-Barraco da academia. Seu funk filosófico apela à barbárie, mas tem o charme da resistência. Ela ressuscita a tara do marxismo vagabundo segundo a qual o senso comum existe como falsa consciência, a ser superada pela iluminação de um partido.

Certa feita, em uma entrevista, Marilena comparou Lula a uma divindade grega ligada ao pensamento. Tempos depois, deixou um pouco de lado as nervuras do Spinoza e lançou um livro de culinária: *Professoras na cozinha*. Concluí que, quando Lula pensa, Marilena fica com vontade de fritar ovo.

Marilena Chaui é o arremate acadêmico das teses conspiratórias inventadas pelo PT. É ela quem procura dar alcance teórico e filosófico à pistolagem ideológica do petismo. Ninguém, como Chaui, consegue fundir com tanta facilidade Spinoza com Delúbio Soares, Sócrates com Zé Dirceu, o Tirano de Siracusa com Lula, o Apedeuta.

MARTA SUPLICY

Marta é o petismo que veste Prada.

MARXISTA

Não se é um marxista convicto sem, ao menos, ser um idiota dedicado.

MATERIALISMO HISTÓRICO

Materialismo histórico? Deve ser aquele modelo que explica por que o futuro glorioso da humanidade demanda que o sujeito tenha de ser escravo de um partido, comendo o pão que Stalin, Mao e Fidel amassaram.

MEDIOCRIDADE

Alguns juízes e procuradores, vê-se, têm formação exemplar; outros tantos, é inquestionável, adoram celebrar o divórcio entre o sujeito e seu verbo com vírgulas alcoviteiras, que tiram a paz do casal. Assim é no jornalismo, na medicina, entre os caminhoneiros: há os competentes num extremo, os idiotas no outro, e os medíocres no... meio!

MEIO-TERMO

Vivemos a era do meio-termismo. "A virtude está no meio", dizem, ainda que esse "meio", de fato, tenha lado. Saia correndo se alguém decidir ameaçá-lo com uma moeda: "Cara ou coroa?" Ele é um sabotador da virtude.

MINHOCUÇU

Se você matar um homem, é candidato ao habeas corpus. Mas não mate um minhocuçu. Minhocuçu dá cana na certa. Nem habeas corpus nem fiança. Por aqui, só não é mais seguro ser minhocuçu do que gente porque o bicho é meio abestalhado e não sabe fazer planos…

MINORIAS

Um gay, para ser admitido no mundo dos justos, precisa ser um militante: exposto, "assumido", porta-voz de uma causa, carregando bandeira. Um negro tem de trazer a escravidão estampada na alma. Ou negará a si mesmo. Também à mulher cabe se organizar contra o seu feitor. Não existem indivíduos, mas categorias. É uma espécie de sindicalização do espírito, de corporativismo anímico. É preciso que as "minorias" sejam dotadas de um rancor escravo que as torne dependentes existenciais de seus algozes.

MODÉSTIA

Não sou modesto. Não acho que se deva ser modesto. Não acredito em modéstia. Modéstia é a vaidade que espera aclamação.

MORAL

Existem a "nossa" moral e a "deles". E eu não troco a "nossa" pela "deles". Porque não farei nada que não lhes permitisse também fazer; mas não lhes facultarei em silêncio, em nome dos meus princípios, que façam o que me negariam em nome dos deles.

MUNDO POSSÍVEL

Em 1991, o socialismo deu o último suspiro, com a tentativa de golpe de Estado para depor Gorbachev — já tenho leitores que não eram nem nascidos. O "outro mundo possível" terminava com o triunfo da democracia liberal, o único mundo em que é possível pensar em mundos possíveis e impossíveis.

gualdades costuma ignorar
ureza do ventos. É a po
aberta burrice. S
rto elina J
e um ped presun
a mesma udo mat
orgânica. existo pa
denciar a "diferença" d
sas segundo a natureza
la fome. A história do pe
ento dessa gente começa s

N

N

NATUREZA DAS COISAS

O raciocínio que iguala desigualdades costuma ignorar a natureza dos eventos. É a porta aberta para a burrice. Sob certo critério, Angelina Jolie e um pedaço de presunto são a mesma coisa: tudo matéria orgânica. Eu existo para evidenciar a "diferença" das coisas segundo a natureza de cada fome.

NOVA ESQUERDA

A história do pensamento dessa gente começa sonhando com uma humanidade sem fronteiras, unida por uma espécie de irmandade socialista, e termina alinhada com o narcotráfico e os assaltantes do dinheiro público.

NOVO HOMEM

A história da esquerda é a história do esmagamento do indivíduo e do homem que há, com suas precariedades, em nome do homem a haver, livre de "deformações". Seus utopistas nunca viram o horror, o massacre e a morte de milhões como empecilhos para construir esse "novo homem".

dias. Dizem que faz bem.
a chatice, como todo exerc
o físico. Fumar é muito ma
stoso. Mas você deve anda
o fumar. Não conseguir
zer esteira sem me sent
iota. Em academia, nem pe
r: há algo em mim pareci
m pudor. Aquele que sua
do não é "meu semelhant
u irmão". Tento caminhar

condenou o extremismo i
nico e os atentados de 11
tembro, mas pronunciou u
vez a palavra "terrorism
na verda[illegible]terroristas
no se e[illegible]esse os o
dos da [illegible] É uma re
ção. [illegible]u bem a[illegible]as pessoa
e ouviam também repudiam
au Islã" — e, pois, não h
ice em dizer a palavra — c

O

OBAMA

Em seu discurso no Cairo, Obama condenou o extremismo islâmico e os atentados de 11 de setembro, mas pronunciou uma só vez a palavra "terrorismo" — na verdade, "terroristas", como se ela ofendesse os ouvidos da audiência. É uma rendição. Ou bem aquelas pessoas que ouviam também repudiam o "mau Islã" — e, pois, não há óbice em dizer a palavra — ou bem não repudiam tanto assim, e sua fala é inútil e subserviente.

Obama é mesmo um fenômeno. Ninguém faz "discursos históricos" como ele. É você se distrair um pouco, e tome "discurso histórico". E é também fascinante porque a fala se torna "histórica" antes de a história acontecer.

Temo, às vezes, que o Ocidente tenha encontrado, finalmente, o seu Gorbachev: Barack Obama. Não sei se me entendem...

O candidato Obama já fez história. Mas a história ainda precisa fazer o presidente Obama.

Obama é a Inês de Castro da política mundial: já foi sem nunca ter sido.

Até parece que Obama mudou os EUA para se eleger. O país que há, em contínua mudança, é que o elegeu. Ele é fruto da tradição democrática, não do seu rompimento.

Obama, até agora, não me decepciona. Ao contrário: ele corresponde, rigorosamente, às minhas piores expectativas.

Sempre ironizei o queixo permanentemente levantado de Obama e sua mania de fazer algumas pausas solenes, tirar os olhos do teleprompter e encarar a linha do horizonte. Esse homem não veio exatamente para governar os Estados Unidos, mas para ser modelo de estátua.

ÓDIO

O ódio impotente, que tem de conquistar na marra o que supostamente lhe falta, está na origem de uma nunca contada história sentimental das esquerdas. Uma das filhas de Karl Marx relata que o pai lhes ensinava que Cristo era o filho de um carpinteiro pobre, assassinado pelos ricos... Não tinha como dar em boa coisa.

OLGÁRIA MATOS

Olgária é uma espécie de vendedora de adornos e bugigangas falsificadas da Escola de Frankfurt, uma camelô da rua 25 de Março do Pensamento.

ONGS

O oprimido é a commodity mais valorizada do Brasil hoje em dia. Os donos das ONGs, leitor amigo, amam a humanidade muito mais do que eu e você. Eles fazem dumping de amor. Eles se estapeiam por um miserável para chamar de seu.

Vamos desprivatizar os mendigos. Eles deixarão de ser reserva de mercado do padre Júlio Lancelotti e seus arqueiros do PT e das ONGs.

ONU

A ONU é a maior, mais cara e mais inútil de todas as ONGs do mundo.

ÓPIO DO POVO

Os marxistas acusaram a religião de ópio do povo. Raymond Aron deixou claro que foi o marxismo que deu ao homem a real ilusão da onipotência, tornando-se o ópio dos intelectuais. Deus é mais modesto do que Marx e aceita as imperfeições...

OPOSIÇÕES

As oposições brasileiras só conseguirão tirar o PT do poder no dia em que tirarem o PT de dentro de si mesmas.

OPRIMIDOS

Quem disse que o oprimido está necessariamente certo ou tem a melhor solução? Acreditem: quase sempre está errado e tem a pior.

ORAÇÕES SUBORDINADAS

Tenho desprezo intelectual por quem é incapaz de usar orações subordinadas.

OS OUTROS

Os outros são sempre responsáveis pela nossa modéstia, especialmente quem é melhor do que nós.

ntra a bandalheira no g

rno Lula usam nariz de pa

ço e apit[illegible] Acho bacana

esquerdo[illegible]ueriam de

ar gover[illegible]rgueses c

Guevara; ./contra Lula,

nte[illegible]inha, Arrel

or[illegible]ermelhos pr

iam "endu[illegible]er sem perder

rnura" — ótimo lema sexua

péssima divisa política —

P

PAC

Dilma só não consegue emplacar o PAC. No resto, ela vai bem.

PAIS E FILHOS

Tenho medo de me tornar um sujeito bonzinho, desses que assistem a *Sex and the City* enquanto os filhos adolescentes transam no quarto. Um pai liberal é um risco à sobrevivência da espécie, é uma ameaça à civilização.

PALHAÇADA

Os poucos que ousam protestar contra a bandalheira no governo Lula usam nariz de palhaço e apito. Acho bacana. Os esquerdopatas queriam derrubar governos burgueses com Che Guevara; contra Lula, a gente usa Carequinha, Arrelia e Torresmo. Os vermelhos prometiam "endurecer sem perder a ternura" — ótimo lema sexual e péssima divisa política —, enquanto os subversivos da era Lula gritam: "Vocês querem marmelada?"

PAUSAS

Sou fã das pausas enfáticas de Lula, quando percebo que há um feixe de ideias se formando, borbulhando, pronto para explodir. Revejam o momento em que ele disse a Bush que queria chegar ao "ponto G da Rodada Doha". Ele parou, hesitou um pouco, algo ia acontecer... "Pum!"

PERDÃO

Quem não pode perdoar é escravo de seu rancor.

"Todo homem mata aquilo que ama", escreveu Oscar Wilde. Por isso nos arrastamos vida afora, como Baleia, a cadela de *Vidas secas*, em busca de perdão. Somos uns cães. Mas, ainda assim, dignos de amor. E cerraremos os olhos contando acordar felizes, num mundo "cheio de preás gordos, enormes".

PERIFERIA

A periferia e o morro não são o centro. Continuarão a ser o morro e a periferia, e seus "valores" particulares não são senão a manifestação de uma utopia regressiva de basbaques ideológicos que imaginam converter um dia a linguagem da violência em resistência política. Aquela gente não é o "outro". Aquela gente somos nós, só que "sem fé, sem lei e sem rei": sem esperança, sem estado e sem governo.

PETISMO

O petismo é como contaminação radioativa. Deixa um resíduo tóxico de longuíssima duração e cria deformidades. Sobretudo morais e intelectuais.

O PT, ao se dizer o partido dos "movimentos sociais", assume o ambíguo papel de quem, no poder, responde pela aplicação da lei e, fora dele, pela sua transgressão.

Eis o padrão petista de defesa desde que assumiu o governo. Na oposição, sua postura poderia ser resumida assim: "Ninguém presta, SÓ eu." Agora no poder, o mote é outro: "Ninguém presta, NEM eu."

Aí se poderia perguntar: "Mas, se ninguém presta, por que votar no PT e não em outros que não prestam?" E um petista poderia responder: "Porque a gente não presta melhor do que os outros."

PETRALHAS

Os petralhas não precisam ficar chateados. Eu não os deixarei em paz, estejam no governo ou na oposição. E a razão é simples: pouco importa o lado em que se coloquem na peleja, a sua primeira preocupação é menos ganhar o jogo do que sabotar as suas regras.

PETROBRAS

Vocês sabem: é uma besteira achar que a Petrobras se limita a extrair e refinar petróleo. Sua principal função tem sido refinar ideologia.

Deve haver algum provérbio chinês — há provérbio chinês para qualquer coisa — que diga assim: "Nada é inteiramente ruim, gafanhoto!" Pensem bem: sem verba na Petrobras para a cultura, haverá uma expressiva diminuição de filmes ruins, de danças folclóricas picaretas para turistas e de outras manifestações populares em que o povo finge ser o povo. É ou não é uma maravilha?

Sem o patrocínio cultural da Petrobras, aquele cineasta genial, mas que ninguém vê, continuará genial. Seu filme continuará a não ser visto, mas também não será rodado. As macumbas para turistas, mimetizando a nossa manemolência sestrosa, também serão suspensas por um tempo. Que bom! Nunca é tarde para se ganhar a vida honestamente. Sou do tipo que acha que empresa de petróleo deve extrair petróleo, não mistificações.

PIEDADE

Onde houver um oprimido de manual, há sempre um brasileiro babando a sua piedade.

PINOCHET

Pinochet já vai tarde. Posso viver sem um ditador para chamar de "meu". E a esquerda? Pode?

PMDB

Não sabemos quem será o presidente da República. Mas já sabemos que o PMDB será base de apoio e que vai cobrar um preço altíssimo por isso. O partido é a única certeza que temos sobre o futuro governo. É uma verdadeira sina! Eis o PMDB: não disputa o trono porque suas ambições são bem maiores.

POESIA

A boa poesia é uma prosa de silêncios.

POLEGAR OPOSITOR

Mais uns três governos petistas, estaremos sendo esnobados pelos chimpanzés. Vão gozar da gente: além de nos faltar o mindinho, também teremos perdido o polegar opositor.

POLÍCIA

Lula diz que prefere construir escolas a construir cadeias. O problema do Brasil é querer dar professor a quem precisa de polícia.

POLÍCIA E POLÍTICA

Partidarizaram a PF. Sempre que a polícia é um caso de política, a política acaba sendo um caso de polícia.

POLÍTICA EXTERNA

Por que eu jamais tive dúvidas sobre a mediocridade da política externa brasileira? Ora, pensei assim: "Se anda como pato, se tem bico de pato, se grasna como pato, se tem pena de pato, então é Celso Amorim."

POLITICAMENTE CORRETO

O politicamente correto é a mais detestável das formas de censura porque exercida por pessoas que se querem dotadas de valores humanistas superiores. Acreditam, como os inquisidores, que estão perseguindo pessoas para o bem da humanidade e até dos próprios perseguidos.

É triste que seja assim, mas é fato: o pensamento politicamente correto confunde ignorância com generosidade humanista.

O politicamente correto só se impôs como valor, nas diversas esferas da vida, porque as liberdades individuais estão em baixa.

A imprensa está impedida de pensar, patrulhada pelo politicamente correto. Pensar, hoje em dia, pode render processo. Antes de se ocupar da verdade, você tem de tomar cuidado para não ofender as minorias e os oprimidos.

POVO

O povo é laranja do PT. Quanto mais pobre, mais suco rende.

Para a esquerda, se deixado à própria sorte, o povo vai para a direita. Se educado pela militância, pode atravessar os umbrais da liberdade. Na China de Mao Tse-tung, 70 milhões morreram sob o efeito dessa luz.

Um país bom é um país sem povo. Só com indivíduos donos de seu nariz.

Eu não acredito no povo. O povo é uma abstração totalitária. Eu acredito em pessoas.

PRECONCEITO ANTICATÓLICO

O preconceito anticatólico se torna tão mais forte e mais virulento quanto menos presente a Igreja se faz na vida das pessoas e da sociedade. Nunca, como agora, a Igreja teve tão pouca importância na definição das políticas públicas relacionadas à saúde e aos costumes. E nem por isso elas são exemplos de eficiência. Pensadas e executadas, muitas vezes, contra os princípios da Igreja, acusa-se, no entanto, a instituição de ser responsável pelos seus desacertos. Os católicos começam a ser os novos judeus do mundo: são responsáveis até pelos erros cometidos por seus adversários no esforço de destruí-los.

PRESENTE ETERNO

O PT instituiu o presente eterno na política, que passa a ser um jogo sem regras previamente definidas justamente para que qualquer conveniência possa ser considerada uma regra do jogo.

PRINCÍPIO

Em matéria de princípio, não tenho por hábito exercitar nem mesmo a dúvida decorosa, aquela cheia de verbos no futuro do pretérito, só para não ofender as certezas do interlocutor/leitor. Ele que se ofenda.

PRODUÇÃO CULTURAL

Não há a menor chance de "a direita" invadir o Morro do Alemão mental que dá as cartas na produção cultural.

PROIBIÇÕES

Se não é fácil viver numa sociedade em que muita coisa é proibida, certamente seria insuportável viver numa outra em que tudo fosse permitido.

rna tão mais forte e ma
rulento quanto menos prese
a Igreja se faz na vida d
ssoas e da sociedade. Nu
, como agora, a Igreja te
o pouca importância na
nição das políticas públ
s relacionadas à saúde e
stumes. E nem por isso el
o exemplos de eficiênci
nsadas e executadas, muit

ecer o petismo. Acertar
questão de tempo. Dura
um bom a convicç
erá as prestígi
a não apela
ona igidade e te
s da rte a ara afe
tolerância e ão pel
eculação intelectual, se
hada de radical – e o radi
ismo, claro, deve ser mono

Q

QUESTÃO DE TEMPO

Não perca uma só chance de desmerecer o petismo. Acertar é uma questão de tempo.

tairiano, embora católic
rgunto aos meus botões:
co não mais "humanist
ndo o rédito e spr
barate quando
põe a planeta
eciclar papel? Na propagan
da TV, a mineradora parec
rair do fundo da terra mai
tenças morais do que ferro
s poesia e ideias de "igual

R

RADICALISMO

Durante um bom tempo, a convicção viverá dias de desprestígio, e a afirmação que não apelar a zonas de ambiguidade e teorias da incerteza, para afetar tolerância e paixão pela especulação intelectual, será tachada de radical — e o radicalismo, claro, deve ser monopólio dos nossos inimigos...

REACIONÁRIO

Eu, um "reacionário", um tanto voltairiano, embora católico, pergunto aos meus botões: um banco não é mais "humanista" quando oferece crédito e spread baratos do que quando se propõe a salvar o planeta ou a reciclar papel? Na propaganda da TV, a mineradora parece extrair do fundo da terra mais sentenças morais do que ferro, mais poesia e ideias de "igualdade" — esta droga perigosa — do que minério. Escondam o lucro! Ele continua a ser um anátema, um pecado social e uma evidência de mau-caratismo. O lucro leva pau até em roteiro de Telecurso 2° Grau.

REAL E IDEAL

É burrice renunciar ao melhor possível porque não se consegue o ideal.

REALISMO

De fato, os donos das minas de carvão (que seres desprezíveis!), os mercadores cúpidos, os colonizadores e até seus sicários, toda essa gente acabou, mesmo sem saber, civilizando o mundo. Felizmente, o homem não é bom.

Só escrevo essas barbaridades porque sou um direitista delirante, que fica fazendo tiro ao alvo em todos os benfeitores da humanidade — de Karl Marx a Marco Aurélio Garcia, só para citar esquerdistas de A a Z...

REFORMA ORTOGRÁFICA

Uma proposta de reforma ortográfica na França foi unanimemente rechaçada, à direita e à esquerda. Foi mais fácil cortar cabeças no país do que letras.

REGÊNCIA VERBAL

Há mais civilização contida na regência de um verbo do que em qualquer porcaria produzida por utopistas para nos "libertar".

REGRAS DO JOGO

Na democracia, o direito à divergência não alcança as regras do jogo. Um democrata, em nome dos seus princípios, não deve conceder a seus inimigos licenças que estes, em nome dos deles, a ele não concederiam se chegassem ao poder.

RELATIVISMO

Eu chuto o traseiro de relativistas. Eu não deixo minha carteira dando sopa perto de relativistas. Eu não compraria um carro usado de relativistas. E a razão é simples: eles podem roubar o meu dinheiro ou me vender uma lata imprestável. Afinal, sabem como é, eles têm seus próprios valores...

RELIGIÃO

Pregar a morte de Deus no Ocidente é covardia. Corajoso seria pregar a morte de Alá em Teerã.

Não confio em religião mais nova do que o uísque que eu bebo.

O petismo é a Igreja Universal da política, e a Universal é o petismo da religião. E eles têm em comum a falta absoluta de limites.

REVOLUÇÃO

Todas as irrupções revolucionárias destruíram os valores que as animaram, como Saturno engolindo os próprios filhos. O progresso está com os que conservam o mundo, reformando-o.

oposto a seguinte questã
omo faço para depor o usurp
r sem, no entanto, destru
reino?” [illegible] o fizesse, ser
sábio. [illegible] o fez, pr
riu ser um [illegible] um [illegible]rti
nto é qu[illegible] pede a Horácio q
o o s[illegible] na mo[illegible] para na
r o que viu. Hamlet quer
ir da vida para entrar
stória, o bobalhão... Ni

S

SABEDORIA MÍSTICA

A repulsa ao capitalismo está menos entranhada na ignorância do povo do que na sabedoria mística de boa parte de nossos intelectuais. Chamo "sabedoria mística" à crença, que já não deve mais nada aos ibéricos e é agora caudatária de uma ideologia internacionalista e regressiva, de que só o Estado pode nos proteger da sanha molestadora do capital.

SÁBIO E SANTO

Imaginem se Hamlet tivesse se proposto a seguinte questão: "Como faço para depor o usurpador sem, no entanto, destruir o reino?" Se o fizesse, seria um sábio. Como não o fez, preferiu ser um santo, um mártir. Tanto é que pede a Horácio que não o siga na morte para narrar o que viu. Hamlet queria sair da vida para entrar na história, o bobalhão...

SALVADOR

Ninguém salva o Brasil como Lula. Ele vive nos salvando. Ele, na verdade, faz dumping de salvamento. Bons governos, no mundo inteiro, têm umas duas ou três boas ideias ou tomam duas ou três grandes medidas. Lula nos brinda com uma Terra Prometida por discurso.

SEDUÇÃO

A linguagem da sedução é cheia de pretéritos do subjuntivo e futuros do pretérito, embora o sedutor esteja mesmo é pensando no futuro do indicativo.

SEM-VERGONHICE

Governos ladrões ou provocam a repulsa popular ou vão deixando o próprio povo mais sem-vergonha. No Brasil, não se vê repulsa nenhuma...

SENADO

É o pior momento da história do Senado brasileiro em qualquer tempo, Império ou República. Ele nunca foi tão miserável; os miseráveis nunca foram tão pusilânimes; os pusilânimes nunca foram tão poderosos; os poderosos nunca foram tão descarados.

SENSO DE RIDÍCULO

O senso de ridículo é uma das coisas mais mal distribuídas no mundo.

SER LULISTA É...

...nunca ter de pedir perdão.

SEXO

Há delinquentes levando pênis de borracha nas aulas de educação sexual. Por que não sexo explícito e ao vivo? No que concerne à didática, a diferença entre um pênis de borracha e outro munido dos devidos corpos cavernosos é só de grau e de temperatura, não de princípio. Quando se renuncia à conceituação que educa em benefício da aula prática que perverte, quanto mais próximo da realidade, melhor.

A castidade hoje em dia é considerada mais exótica do que o sadomasoquismo cordial…

Se um governo põe no ar uma propaganda que chama de "sexo responsável" o intercurso (gostaram do "intercurso"?) sexual com uma pessoa estranha desde que se use camisinha, então eu digo: trata-se de uma propaganda moralmente criminosa e tecnicamente ineficaz.

Gays e héteros devem é evitar a promiscuidade. É ela que mata. O vírus apenas faz o trabalho sujo. Quem lhe facilita o caminho é uma decisão moral, uma escolha individual.

SOBERANIA

Qual é o limite da soberania de um governo eleito pelo povo? Será ele tão poderoso que pode afrontar a própria Constituição que dá legitimidade à escolha democrática? A resposta óbvia é "não". Nem o povo é soberano para rasgar a Constituição que declara a sua soberania.

SOCIALISMO

O socialismo acabou, sim. Então vamos lá: "Abaixo o socialismo!" Ele sobreviveu nas mentalidades e ainda oprime o cérebro dos vivos com o peso de seus milhões de mortos.

Bons tempos aqueles em que as esquerdas reivindicavam para o socialismo o estatuto de uma ciência, ainda que social. Com o fim da ilusão, sobraram a paixão pela ditadura e esses movimentos que, na origem, eram de negação do sistema e hoje são só a mercantilização — capitalista! — da causa dos oprimidos.

SOCIEDADE MODERNA

Eis o aparente paradoxo das sociedades modernas, em que vigora o estado de direito: a cultura da reclamação, da permanente mobilização, da constante reivindicação de direitos, resulta em grupos de pressão que querem impor a sua agenda, ainda que o preço seja o fim da universalidade das leis.

SULEAR

Os bolivarianos brasileiros lançaram um novo verbo: "sulear". Eu juro: quando eles querem dizer que alguma coisa é importante, não escrevem mais que essa coisa "norteia" o debate, mas sim que ela "suleia a discussão". Confundiram o polo magnético com o imperialismo...

dias. Dizem que faz bem.
a chatice, como todo exerc
o físico. Fumar é muito ma
stoso. Mas você deve anda
o fumar. Não conseguir
zer esteira sem me sent
iota. Em academia, nem pe
r: há algo em mim pareci
m pudor. Aquele que sua
do não é "meu semelhant
u irmão". Tento caminhar

tes tenha associado a pr
ia avó a uma pata. Um pequ
passo para o v[illegible]so, mas
ande salto p[illegible] psiqui
ia. O pr[illegible]bl[illegible] vess
umbral de uma [illegible]ria consp
tória é cair [illegible] labirinto
o sair mais de lá. Cada no
minho errado é tomado co
a evidência de que a consp
ção existe mesmo. Petist

T

TARSO GENRO

Li estes versos de Tarso Genro:
A vovó Cacilda parecia uma patinha
e a vovó Julica elétrica e risonha
conversava com lagartos
Não sei. Não creio que alguém antes tenha associado a própria avó a uma pata. Um pequeno passo para o verso, mas um grande salto para a psiquiatria.

Sempre que Tarso Genro pensa, os meus instintos de preservação da civilização e do estado de direito entram em alerta.

TEMPOS

Petistas adoram inventar um passado que nunca tiveram para desculpar o presente que eles têm e roubar o futuro que nós temos.

TEORIA CONSPIRATÓRIA

O problema de atravessar o umbral de uma teoria conspiratória é cair no labirinto e não sair mais de lá. Cada novo caminho errado é tomado como uma evidência de que a conspiração existe mesmo.

TOLOS

Não há tolice maior do que convocar um tolo para a marcha da razão.

TOMADA DO ESTADO

As causas, para o PT, sempre foram um instrumento de tomada do Estado, não de formulação de políticas públicas.

hedinondos. Mas nunca re

dicou a condição de um no

anismo, de uma utopia.

mos um tanto especulativos

e-se d que a direit

cionar á iste

ormista ter

reconstruir o o, e

uerda revolucionária, de

as de vezes mais para con

ir o futuro. A direita tam

U

UTOPIA

A direita também cometeu crimes hediondos. Mas nunca reivindicou a condição de um novo humanismo, de uma utopia. Em termos um tanto especulativos, pode-se dizer que a direita reacionária — já que existe a reformista — matou para tentar reconstruir o passado, e a esquerda revolucionária, dezenas de vezes mais para construir o futuro.

V

uma coleção de lamúrias
astres em busca de culp
. Pouco importa que os f
desmint ese. Pa
esquerd importa
é a mora mist a.
Galeano, o lobo, como se
, come o cordeiro. Algu
leres latino-americanos,
mplo de Chávez, pretende
fingir de cordeiros pa

V

VACINAS

Aposto que boa parte dos nossos universitários, a pretensa elite intelectual brasileira, acredita que as vacinas nascem do desejo de servir, não da pesquisa financiada pela salvadora cupidez da indústria farmacêutica.

VEIAS ABERTAS DA AMÉRICA LATINA

O livro de Eduardo Galeano é uma coleção de lamúrias e desastres em busca de culpados. Pouco importa que os fatos desmintam a sua tese. Para as esquerdas, mais importante é a moral da história. Na de Galeano, o lobo, como sempre, come o cordeiro. Alguns líderes latino-americanos, a exemplo de Chávez, pretendem se fingir de cordeiros para "fincar os dentes na garganta" dos adversários. Galeano é o delírio herbívoro da esquerda carnívora.

VENCEDORES

Estou preparado para a possibilidade de o vencedor estar certo e de sua narrativa ser, de fato, a melhor.

VENCIDOS

Quando alguém me fala em "versão dos vencidos", sempre temo que esteja em busca de uma justificativa moral para cortar o meu pescoço, mandar-me para o paredão ou jogar um foguete no meu quintal, para citar três práticas a que os humanistas influentes de diferentes épocas já recorreram na sua "luta histórica por justiça"...

VERDADE

Nada é tão eficiente para falsear uma verdade geral quanto uma verdade particular.

Em política, existem muitas verdades, todas inevitavelmente mentirosas. A política pode ser definida como a arte de hierarquizar as mentiras e distinguir as aceitáveis das inaceitáveis.

VERDADEIRO E FALSO

A ditadura obrigou Zé Dirceu a esconder o verdadeiro homem e a apresentar o falso. No caso da ministra Dilma Rousseff, é a democracia que parece pedir à verdadeira Dilma que vá para a clandestinidade. Ao menos até disputar a eleição.

VIAGENS

Se viajar fosse categoria de pensamento, comissária de bordo seria Schopenhauer.

Livro de cabeceira de repórter muito viajado é passaporte. Vê o mundo lendo carimbo.

VIGARICE

A utopia é sempre vizinha da vigarice, intencionalmente ou não.

VÍTIMAS

A condição de vítima, na política, é um lugar disputado porque confere licença para uma luta que dispensa pruridos morais.

VOTO

Considero profilático tirar petista do ambiente. Sempre pelo voto.

VOZ DAS RUAS

Ministro do Supremo que "ouve as ruas" deve dirigir táxi em vez de ter assento na máxima corte da Justiça brasileira.

O membro de uma suprema corte que não souber que, muitas vezes, é preciso preservar o povo de sua própria sanha justiceira não merece ocupar aquela cadeira. Porque, então, lhe faltarão estofo, formação intelectual, leitura, discernimento.

Sob o pretexto de que o Supremo deve ser de todos, querem arrastá-lo para as ruas, onde, então, ele seria apenas de alguns.

sem escatologias, finali

, milen[illegible]smos e maluquic

ns. D[illegible] disso

to nov[illegible]di[illegible] é que

passad[illegible]íptic

avam à margem das políti

públicas. Os mais imagin

acabavam vendo ETs. Outr

m Wilhelm Reich. Hoje e

, como preconizava aquel

ma de 1968, a imaginaçã

W

WILHELM REICH

Talvez o mundo não possa viver sem escatologias, finalismos, milenarismos e maluquices afins. De fato, nada disso é muito novo. A diferença é que, no passado, os apocalípticos ficavam à margem das políticas públicas. Os mais imaginosos acabavam vendo ETs. Outros liam Wilhelm Reich. Hoje em dia, como preconizava aquela turma de 1968, a imaginação, de fato, chegou ao poder. E ela é capaz de produzir desastres consideráveis.

WILSON SIMONAL

Tivesse Simonal pertencido à VAR-Palmares ou ao MR-8, assaltado bancos, feito sequestros e matado alguns, sua família estaria agora recebendo pensão e indenização. Se tivesse sobrevivido, poderia ser ministro de Estado. A esquerda não anistia nem perdoa. Se preciso, mata outra vez!

le social dos meios de com
ação". Querem levar aquel
uras soturnas do Comple
uerdofrê[illegible] PUCUSP par
lições [illegible]al[illegible]ismo
Em vez [illegible]a, u
lexão sobre "A[illegible]tânci
Brincar e do Socializar
cação Infantil". Todo es
rdista gosta de transfor
verbos em substantivos

X

XUXA

Esquerdistas defendem o "controle social dos meios de comunicação". Querem levar aquelas figuras soturnas do Complexo Esquerdofrênico PUCUSP para dar lições de Moral e Civismo na TV. Em vez de *Xou da Xuxa*, uma reflexão sobre "A Importância do Brincar e do Socializar na Educação Infantil". Todo esquerdista gosta de transformar verbos em substantivos. Será preciso proibir para sempre o *Sítio do Picapau Amarelo*. Proponho Marilena Chaui no lugar de Tia Nastácia. Em vez das fantasias pouco instruídas dessa gente simples do mato, Marilena passaria a contar fábulas sobre como o caixa dois e o mensalão provam as nervuras do real do presidente operário. Ilarilariê-ô-ô-ô.

uma porcaria. Nada co

se novo humanismo que nas

o o pícios de Obama,

ntao Lu Nunca ma

ouvirá fa aquela ta

ocon de "i cracia

povos estra á nov

Y

, estaremos todos felize

as tiranias autóctones.

ndo com Jorjibúxi era mes

porcaria. Nada como ess

Y

YES, THEY CAN...

O mundo com *Jorjibúxi* era mesmo uma porcaria. Nada como esse novo humanismo que nasce sob os auspícios de Obama, Hu Jintao e Lula... Nunca mais se ouvirá falar daquela tara *neocon* de "impor democracia" a povos estrangeiros. Na nova era, estaremos todos felizes com as tiranias autóctones.

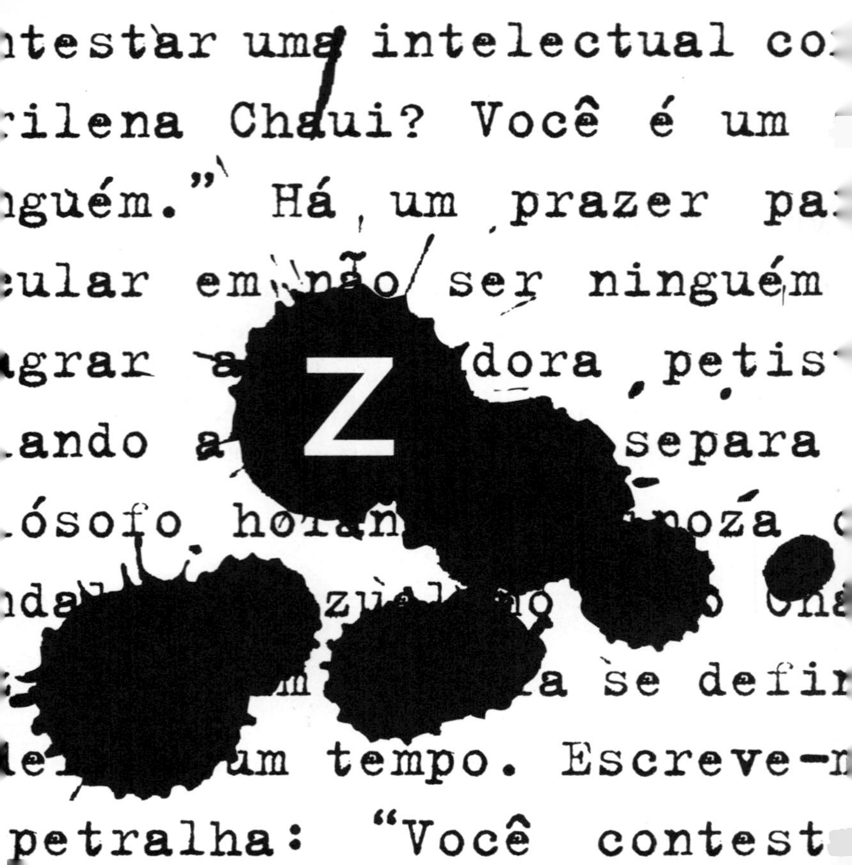
testar uma intelectual co
ilena Chaui? Você é um
guém." Há um prazer pa
ular em não ser ninguém
grar a dora petis
ando a separa
ósofo hol oza
a se defin
um tempo. Escreve-
petralha: "Você contest

Z

ZÉ-NINGUÉM

Escreve-me o petralha: "Você contestar uma intelectual como Marilena Chaui? Você é um zé-ninguém." Há um prazer particular em não ser ninguém e flagrar a pensadora petista pulando a cerca que separa o filósofo holandês Spinoza do vândalo venezuelano Hugo Chávez. É assim que ela se define e define um tempo.

Este livro foi composto na tipologia Bembo,
em corpo 11, e impresso em papel Off-white 80 g/m^2,
na RR Donnelley.